The Blue House

Also by Patty Crane

POETRY

Bell I Wake To
something flown

TRANSLATIONS

Bright Scythe: Selected Poems by Tomas Tranströmer

The Blue House

Collected Works of Tomas Tranströmer

Translated by Patty Crane

Introduction by Yusef Komunyakaa

Copper Canyon Press
Port Townsend, Washington

Cover art: David Kihlberg, *A Stream, Sweden*, 2023, oil on canvas. https://www.singulart.com/en/artworks/davidkihlberg-a-stream-1792638

Copper Canyon Press is in residence at Fort Worden State Park in Port Townsend, Washington, under the auspices of Centrum. Centrum is a gathering place for artists and creative thinkers from around the world, students of all ages and backgrounds, and audiences seeking extraordinary cultural enrichment.

LIBRARY OF CONGRESS CATALOGING-IN-PUBLICATION DATA
Names: Tranströmer, Tomas, 1931–2015, author. | Crane, Patty, translator.
Title: The blue house : collected works of Tomas Tranströmer / Tomas
    Tranströmer ; translated by Patty Crane.
Other titles: Works. English
Description: Port Townsend, Washington : Copper Canyon Press, [2023] |
    Includes index. | Parallel text in Swedish and English on facing pages. |
    Summary: "A collection of poetry and prose by Tomas Tranströmer,
    translated by Patty Crane"— Provided by publisher.
Identifiers: LCCN 2023008767 (print) | LCCN 2023008768 (ebook) | ISBN
    9781556596858 (hardcover) | ISBN 9781619322783 (epub)
Subjects: LCSH: Tranströmer, Tomas, 1931–2015—Translations into English. |
    LCGFT: Poetry. | Creative nonfiction.
Classification: LCC PT9876.3.R3 A2 2023 (print) | LCC PT9876.3.R3 (ebook) |
    DDC 839.71/74—dc23/eng/20230612
LC record available at https://lccn.loc.gov/2023008767
LC ebook record available at https://lccn.loc.gov/2023008768

9 8 7 6 5 4 3 2 FIRST PRINTING

COPPER CANYON PRESS
Post Office Box 271
Port Townsend, Washington 98368
www.coppercanyonpress.org

Acknowledgments

I gratefully acknowledge the editors of the following publications, where some of these translations first appeared, some in earlier versions: *The Arkansas International, Blackbird, Five Points, Free Verse, Guernica, The Literary Review, Massachusetts Review, The New York Times Magazine*, PEN Poetry Series, *Plume, Poetry, The Southern Review, Trafika Europe, Washington Square Review*, and *What They Bring: The Poetry of Migration and Immigration* (an anthology).

A number of these translations appeared also in *Bright Scythe: Selected Poems by Tomas Tranströmer* (Sarabande Books, 2015).

The works translated in *The Blue House* were sourced from *Tomas Tranströmer: Dikter och prosa 1954–2004* (Poems and Prose), Albert Bonniers Förlag, 2011, and *Tomas Tranströmer: Samlade dikter 1954–1996* (Collected Poems), Albert Bonniers Förlag, 2011.

My deepest thanks go to David Wojahn for his close readings and enduring support; Edan Dekel for his brilliant commentary on "Song"; Peter Filkins for his thoughtful input and wise counsel to not "twist yourself in knots" when translating poems in classical meter; and to my astute Swedish readers, Erik Bergqvist, along with Eva and Jim Wine. I thank MacDowell for the generous fellowship and incredible gift of time and space that enabled me to complete a large part of this collection, and thank many friends, spread far and wide, who shared in my passion for this project, especially Terry Johnson. I am grateful to the entire team at Copper Canyon for their enthusiasm, talent, and kind diligence. I hold Monica Tranströmer in the highest regard, ever grateful for her gracious and ongoing encouragement. And I thank you, Lily, Holly, and Tim Crane, for always cheering me on.

for Tomas

what's true for me is what remains when the
moments have fallen away

Tomas Tranströmer from the newspaper *Folket i*
Bild, 1956, translated by Patty Crane

Contents

FÄNGELSE / PRISON (1959)

DEN HALVFÄRDIGA HIMLEN / THE HALF-FINISHED HEAVEN (1962)

KLANGER OCH SPÅR / RINGING AND TRACKS (1966)

MÖRKERSEENDE / SEEING IN THE DARK (1970)

DET VILDA TORGET / THE WILD MARKET SQUARE (1983)

FÖR LEVANDE OCH DÖDA / FOR THE LIVING AND THE DEAD (1989)

MINNENA SER MIG / MEMORIES WATCH ME (1993)

SORGEGONDOLEN / THE SORROW GONDOLA (1996)

DEN STORA GÅTAN / THE GREAT ENIGMA (2004)

Introduction

The first door to *The Blue House: Collected Works of Tomas Tranströmer*—translated from the Swedish by Patty Crane—opens chronologically with *17 Poems* (1954), published when the poet was twenty-three years old. A friend of his said that they are pretty poems, but they are not "true." Fortunately for us as readers, they may not be true in a literal sense, but surely they access a deeper truth in a psychological sense. The dynamics of Tranströmer's work occur when aspects of nature awaken. Or, rather, it's through his experience with nature that Tranströmer finds the external and internal sources of his poetry. Confronting and communing with the elements, even in his earliest poems, this voice dares to venture wherever interests him, and even beyond, as the natural world dovetails with the human psyche.

From the first poem, "Prelude," the reader perhaps realizes he or she is on a fantastical voyage, beginning with the daring first line: "Waking up is a parachute jump from the dream." In the act of waking, one is momentarily suspended from another world—probably a place between times—and one may be asking: "Where was I?" The image transports "the traveler" to where "the greenery stands / with uplifted arms, listening / to the rhythm of an invisible pump." The parachute is the dreamer's salvation as one leaps toward the end of the first stanza: "The Bronze Age horn's / fugitive tone / hovers over the infinite." The horn provokes a deliberate shift in historical time where the symbolic gesture instantaneously transports us.

Even more surprising throughout Tranströmer's body of work are the transferences between nature and humans, which the reader comes to embrace as transformations; tonally, at least, semiorganic—not merely associative—a deeper, truer register. There's a communion. Tranströmer animates nature and humanizes it as well, which creates an intimate surrealism. One could say that an aspect of this super-reality first revealed itself when the poet was young. He discovered a way to cast himself in the natural world; not to claim but to negotiate and bridge. Not to merely know but to share sensation. In many ways, sensation is the truth of these poems. Of course, this isn't merely a new-age reality; such feeling transports this young explorer of his surroundings back into personal and historical time—not as images but as feeling. Time becomes a mental and a physical dimension. As a matter of fact, there are poetic references to clocks throughout.

Perhaps Tranströmer was shaped by his boyhood interactions with the elements. His attention to the natural world seems difficult to remain oblivious to.

A homage is rendered in "Five Stanzas to Thoreau." The poem may well be the poet's *ars poetica,* or at least a rather clear-cut declaration as an arch-telling solo of his muse, nature. Indeed, the young Tranströmer has purposefully chosen his subject and the recipient of his address. We may consider Thoreau's comment from that first summer at Walden Pond when he declared: "I love a broad margin to my life." Now, read Tranströmer's five stanzas. The poem, written in quatrains, opens with this sentence: "Yet another has left the heavy city's / ring of ravenous stones." From this weighted place he journeys us to the vital image at the end with the fifth stanza:

> No one believes it if you've seen a geyser,
> fled from a stone-filled well like Thoreau, and know
> how to flee deep into your inner greenness,
> cunning and hopeful.

The stones activate and become intimate, and transference grows into a true relationship. What seemed weighted and silent becomes an animated sanctuary by the end of the poem. And, yes, this solitude may even be a blessing and a curse. How else could Tranströmer measure up to his calling?

Then, after Thoreau, we turn the page to discover "Gogol." Here, it is important to see how that first line pulls one into the motion/emotion of the poem, and we find ourselves mouthing the last two lines: "Look out there, see how the darkness burns a Milky Way of souls. / So mount your chariot of fire and leave the country!" Darkness burns. The instinct again is to flee. The harsh realities of this world come into contention with the underworld. These juxtapositions are natural for Tranströmer.

In the selection of essays from *Memories Watch Me* (1993), the poet says: "I'm trying to remember, trying to get through there. But it's hard to move in these condensed regions, it's dangerous and feels like I'm getting close to death." And what was it that frightened him so?

Indeed, in the fifties and sixties, on the cusp of the Age of Aquarius, symbolic change reigned. There was also talk about the Cold War. Tranströmer was still reckoning with World War II, during which his father served as a news reporter. What seemed a lonely space in life, he addresses directly in eight short essays—especially "The War," in which he says: "My 'political' instincts were focused entirely on the war and Nazism. I thought you were either a Nazi or an anti-Nazi. I didn't understand the widespread, half-hearted, wait-and-watch, opportunistic

attitude that existed in Sweden. I interpreted it as either unspoken support for the Allies, or disguised Nazism." Later, after the war, the next generations felt they were approaching an enlightened moment, ready to shed symbols of power and hierarchy by embracing change through new rituals. And Tranströmer's poetry is right there. In fact, he's slightly ahead.

Tranströmer does not attempt to sidestep or circumvent hard times. In his work, human nature plays out in the landscape where history and selfhood assume a battle. Tranströmer found his way to question human ego and hierarchy. Shadows work their way into his psychological landscape also—not as mere furniture of the psyche but as a body of feelings, which add gravity and balance to any abstraction, and perhaps to his very psyche. A single tree takes on a human characteristic or nuance, waving as if a newly acquired friend.

It is safe to say that Tranströmer—a humanist—believed the wild and the human world enter into emotional and psychological relationships. After all, we depend on each other for survival. No, he's not didactic, and there is a freedom in the conversion.

Many readers may view this Swedish poet as a master of the avant-garde, but we know that isn't fully the case because Tranströmer's poetry emerges from necessity. The poet had to discover a way to unearth truth and extend possibilities within each poem. Was he having fun merely experimenting with the dynamics of language? Or perhaps his life depended on this truth we witness throughout the collection: a certain counting off, a keeping of time and seasons, again the mention of clocks, and the voice seems to be accounting a moment in the near or distant future.

His influence is deeply woven into the heart of poetry itself. I have been reading Tomas Tranströmer for nearly fifty years, since the mid-1970s. Then, in early spring of 1981, I met him and his wife, Monica, at the Provincetown Fine Arts Work Center, where I was a Fellow. I remember eagerly awaiting my conference with him. What do I say? Well, I think Tomas was surprised how much I knew about my native Louisiana though I hadn't written about it yet. And, yes, I knew what I had to do. I didn't know if I should mention what Robert Bly was saying about the concept of leaping and his poetry—Tranströmer's use of what Bly calls "wild associations," surreal turns in the mind's labyrinth seemingly crafted by chance. We agreed that there shouldn't be any topic that's taboo. He was also surprised that we shared an affection for Catullus. I could see perhaps the influence of Horace (but today, thinking of long ago, it is difficult to find a hint of Catullus here in *The Blue House*).

I heard Tomas say that I had to write about Vietnam—with my heart and soul. I was surprised he said the word *soul.* He asked: "Have you been to Africa?"

I was determined not to look at the floor and I said: "No. Have you?"

And he gazed back and said: "Yes."

Then I mentioned a few of the *négritude* poets. And when we shook hands that cold day, with sea salt in the air, I felt connected to Tomas Tranströmer, and I truly believe that he has no rival within ten thousand country miles. Tranströmer is a world poet.

The Blue House ends with *The Great Enigma* (2004). In one single poem we can see his mastery. He creates tension through a montage, cutting across image, gesture, and a dangerous silence the way a filmmaker uses vision, sound, and rhythm:

Eagle Cliff

Behind the terrarium glass
the reptiles
strangely motionless.

A woman hangs her wash
in the silence.
Death is windless.

Deep in the ground
my soul glides
silent as a comet.

There's no one who can say "soul" and "comet" as levelheadedly as Tomas Tranströmer does in *The Great Enigma* section of *The Blue House,* which ends with forty-five haiku poems. A brave silence forms the core of the music that is this poet's signature. Yet this is not to erase or quiet the rage at the edge of

Tranströmer's egalitarian heart. Consider the haiku: "God's wind at your back. / The shot that comes soundlessly— / a dream, far too long."

For Tranströmer, each poem is carefully constructed like his blue house, each stanza a room. Throughout *The Blue House* there are colors, especially green and blue; and this makes us remember Tranströmer was also drawing and painting. But the hues in the poems colorize feelings and emotions. He has a way of fusing things, whether human or nonhuman, friend or foe, day or night, real or imagined, dangerous or caring, hell or heaven. He seems to have conjured poems that possess the power to fuse what would otherwise be confused; he makes things right. Yes, there's power in *The Blue House*.

It does not surprise me that the brilliant Tranströmer would leave such a glitter of mystery. Hasn't that been the foundational idea of his journey from the beginning? Sure, it is in his nature to attempt to illuminate the chasm underneath our footsteps, or cast a fantastic shadow at the edge of longing. But he's a master of mystery. He knows that sometimes it is what the great detective of the heart and soul doesn't say that matters most. Yes, even as a boy, walking the woods, interrogating the wilds, the poet was dealing in mystery. And now, in the aftermath of his life, we may yet feel him moving through the metaphorical forests, gazing upon us as we read *The Blue House.*

Yusef Komunyakaa

The Blue House

17 DIKTER / 17 POEMS

(1954)

PRELUDIUM

Uppvaknandet är ett fallskärmshopp från drömmen.
Fri från den kvävande virveln sjunker
resenären mot morgonens gröna zon.
Tingen flammar upp. Han förnimmer – i dallrande lärkans
position – de mäktiga trädrotsystemens
underjordiskt svängande lampor. Men ovan jord
står – i tropiskt flöde – grönskan, med
lyftade armar, lyssnande
till rytmen från ett osynligt pumpverk. Och han
sjunker mot sommaren, firas ned
i dess bländande krater, ned
genom schakt av grönfuktiga åldrar
skälvande under solturbinen. Så hejdas
denna lodräta färd genom ögonblicket och vingarna breddas
till fiskgjusens vila över ett strömmande vatten.
Bronsålderslurens
fredlösa ton
hänger över det bottenlösa.

I dagens första timmar kan medvetandet omfatta världen
som handen griper en solvarm sten.
Resenären står under trädet. Skall,
efter störtningen genom dödens virvel,
ett stort ljus vecklas ut över hans huvud?

PRELUDE

Waking up is a parachute jump from the dream.
Free from the suffocating vortex,
the traveler sinks toward morning's green zone.
Things blaze up. He senses—from the quivering skylark's
position—the powerful tree root system,
its subterranean swaying lamps. But aboveground—
in a tropical flood—the greenery stands
with uplifted arms, listening
to the rhythm of an invisible pump. And he
sinks toward summer, lowering down
into its glaring crater, down
through shafts of green-dampened ages
quaking under the turbine of sun. Then
this vertical journey through the moment ends, and the wings spread
into the osprey's repose over the flowing waters.
The Bronze Age horn's
fugitive tone
hovers over the infinite.

In the day's first hours, consciousness can take hold of the world
like a hand clutching a sun-warmed stone.
The traveler is standing under the tree.
After the plunge through death's vortex,
will a great light unfurl over his head?

HÖSTLIG SKÄRGÅRD

Storm

Plötsligt möter vandraren här den gamla
jätteeken, lik en förstenad älg med
milsvid krona framför septemberhavets
                svartgröna fästning.

Nordlig storm. Det är i den tid när rönnbärs-
klasar mognar. Vaken i mörkret hör man
stjärnbilderna stampa i sina spiltor
                högt över trädet.

Kväll – morgon

Månens mast har murknat och seglet skrynklas.
Måsen svävar drucken bort över vattnet.
Bryggans tunga fyrkant är kolnad. Snåren
                dignar i mörkret.

Ut på trappan. Gryningen slår och slår i
havets gråstensgrindar och solen sprakar
nära världen. Halvkvävda sommargudar
                famlar i sjörök.

Ostinato

Under vråkens kretsande punkt av stillhet
rullar havet dånande fram i ljuset,

AUTUMNAL ARCHIPELAGO

Storm

The wanderer suddenly happens upon
the huge ancient oak, like an elk petrified,
its mile-wide crown facing the September sea's
                dusky-green fortress.

Northerly storm. Time when the rowanberry
clusters ripen. Waking in the dark, you hear
the constellations stomping inside their stalls
              high above the trees.

Evening–morning

The moon's mast has rotted and the sail's rumpled.
A gull floats drunkenly over the water.
The jetty's bulky mass is charred. The thicket
              succumbs to darkness.

Out on the front steps. The morning knocks and knocks
on the sea's granite gates and the sun sparkles
close to the world. Summer gods, half-smothered,
              fumble in the fog.

Ostinato

Under the buzzard's circling point of stillness
the ocean rolls thundering into the light,

tuggar blint sitt betsel av tång och frustar
  skum över stranden.

Jorden höljs av mörker som flädermössen
pejlar. Vråken stannar och blir en stjärna.
Havet rullar dånande fram och frustar
  skum över stranden.

blindly chews its bridle of seaweed, snorting
    foam onto the beach.

The earth is wrapped in darkness where the bats
set their course. The buzzard stops, becomes a star.
The ocean rolls on, thundering and snorting
    foam onto the beach.

FEM STROFER TILL THOREAU

Ännu en har lämnat den tunga stadens
ring av glupska stenar. Kristallklart salt är
vattnet som slår samman kring alla sanna
        flyktingars huvud.

I en långsam virvel har tystnad stigit
hit från jordens mitt, att slå rot och växa
och med yvig krona beskugga mannens
        solvarma trappa.

       ·

Foten sparkar tanklöst en svamp. Ett åskmoln
växer stort vid randen. Likt kopparlurar
trädens krökta rötter ger ton och löven
        skingras förskrämda.

Höstens vilda flykt är hans lätta kappa,
fladdrande tills åter ur frost och aska
lugna dagar kommit i flock och badar
        klorna i källan.

       ·

Trodd av ingen går den som sett en geysir,
flytt från stenad brunn som Thoreau och vet att
så försvinna djupt i sitt inres grönska,
        listig och hoppfull.

FIVE STANZAS TO THOREAU

Yet another has left the heavy city's
ring of ravenous stones. The brackish water
closes crystal-clear over the heads of those
                who seek true refuge.

Silence has risen here in a slow whirlpool
from the center of the earth, to root and grow
and with a lavish crown cast shade on the man's
                sun-heated doorstep.

          ·

Kicks a mushroom thoughtlessly. A thundercloud
expands along the edge. Like copper trumpets,
the tree's curved roots emit a tone and the leaves
                scatter in panic.

Autumn's wild escape is his lightweight jacket,
flapping until, again, out of frost and ash,
the placid days have arrived in flocks and bathe
                their claws in the source.

          ·

No one believes it if you've seen a geyser,
fled from a stone-filled well like Thoreau, and know
how to flee deep into your inner greenness,
                cunning and hopeful.

GOGOL

Kavajen luggsliten som en vargflock.
Ansiktet som en marmorflisa.
Sitter i kretsen av sina brev i lunden som susar
av hån och misstag,
ja hjärtat blåser som ett papper genom de ogästvänliga
passagerna.

Nu smyger solnedgången som en räv över detta land,
antänder gräset på ett ögonblick.
Rymden är full av horn och klövar och därunder
glider kaleschen skugglik mellan min faders
upplysta gårdar.

Petersburg beläget på samma breddgrad som förintelsen
(såg du den sköna i det lutande tornet)
och kring nedisade kvarter än svävar manetlikt
den arme i sin kappa.
Och här, insvept i fastor, är han som förr omgavs av skrattens hjordar,
men de har för länge sedan begivit sig till trakter långt ovanför trädgränsen.
Människors raglande bord.
Se ut, hur mörkret bränner fast en vintergata av själar.
Så stig upp på din eldvagn och lämna landet!

GOGOL

The suit jacket, as mangy as a wolf pack.
His face, like a shard of marble.
Seated in a circle of his letters in the grove that whispers
of scorn and errors,
yes, the heart is blown like a scrap of paper through the inhospitable
passages.

Now sunset slinks like a fox across this land,
setting instant fire to the grass.
Space is full of antlers and hooves, and below them
the horse-drawn cart glides shadowlike between my father's
lit courtyards.

St. Petersburg lies at the same latitude as annihilation
(did you see the beauty in the leaning tower)
and, floating like a jellyfish around the icy city blocks,
there's the vagrant in his overcoat.
And here, swept up in fasting, is the man who was once surrounded by herds
        of laughter,
though they've all long since gone to regions far above the tree line.
People's unsteady tables.
Look out there, see how the darkness burns a Milky Way of souls.
So mount your chariot of fire and leave the country!

SKEPPARHISTORIA

Det finns barvinterdagar då havet är släkt
med bergstrakter, hukande i grå fjäderskrud,
en kort minut blått, långa timmar med vågor som bleka
lodjur, fåfängt sökande fäste i strandgruset.

En sådan dag går väl vraken ur havet och söker
sina redare, bänkade i stadens larm, och drunknade
besättningar blåser mot land, tunnare än piprök.

(I norr går de riktiga lodjuren, med vässta klor
och drömmande ögon. I norr där dagen
bor i en gruva både dag och natt.

Där den ende överlevande får sitta
vid norrskenets ugn och lyssna
till de ihjälfrusnas musik.)

MARINER'S TALE

There are snowless winter days when the sea is kin
to the mountain district, hunkering in gray plumage,
a brief minute of blue, long hours with waves like pale
lynxes looking in vain for a grip in the beach sand.

On days like this, shipwrecks emerge from the sea in search
of their owners immersed in the city's din, and drowned
crewmen blowing landward, thinner than pipe smoke.

(In the north, where the real lynxes are, with sharpened claws
and dreamy eyes. In the north, where daylight
lives in a mine both day and night.

Where the sole survivor gets to sit
by the kiln of the northern lights and listen
to the music of those who froze to death.)

STROF OCH MOTSTROF

Den yttersta kretsen är mytens. Där sjunker rorgängaren upprätt
bland glittrande fiskryggar.
Hur långt från oss! När dagen
står i en kvav och vindlös oro –
som Kongos gröna skugga håller
blåmännen i sin dunst –
när all denna drivved på hjärtats trögt
slingrande flod
tornar upp sig.

Plötslig förändring: in under himlakropparnas vila
glider de tjudrade.
Med aktern högt, i hopplöst
läge, står skrovet av en dröm, svart
mot ljusrött kustband. Övergivna
störtar sig åren, snabbt
och ljudlöst – som slädskuggan, hundlik, stor,
far över snö,
hinner skogen.

STROPHE AND ANTISTROPHE

The outermost circle belongs to myth. There, the helmsman sinks upright
among the glittering backs of fish.
How distant from us! When the day
is a stifling and windless unrest—
as the green shadow of Congo holds
the blue men in its mist—
when all this driftwood in the heart's sluggish
meandering river
starts piling up.

A sudden change: below the heavenly bodies in repose,
the tethered ones glide.
With the stern high, a hopeless
position, looms the hull of a dream, black
against the rosy coastline. Abandoned,
the years fall quickly
and soundlessly—as the sled's shadow, doglike, large,
moves across snow,
reaches the woods.

UPPRÖRD MEDITATION

En storm får kvarnens vingar att vilt gå runt
i nattens mörker, malande intet. – Du
　　　hålls vaken utav samma lagar.
Gråhajens buk är din svaga lampa.

Diffusa minnen sjunker till havsens djup
och stelnar där till främmande stoder. – Grön
　　　av alger är din krycka. Den som
vandrar till havs vänder styvnad åter.

AGITATED MEDITATION

A storm whips the wings of the mill around
in the darkness of night, grinding nothing.—You
      are kept awake by the very same laws.
The gray shark's belly is your faint lamp.

Hazy memories sink toward the ocean depths
and solidify into strange statues.—Green
      with algae is your crutch. The one who
goes out to sea comes back hardened.

STENARNA

Stenarna som vi kastat hör jag
falla, glasklara genom åren. I dalen
flyger ögonblickets förvirrade
handlingar skränande från
trädtopp till trädtopp, tystnar
i tunnare luft än nuets, glider
som svalor från bergstopp
till bergstopp tills de
nått de yttersta platåerna
utmed gränsen för varat. Där faller
alla våra gärningar
glasklara
mot ingen botten
utom oss själva.

THE STONES

The stones we have thrown I hear
fall, glass-clear through the years. In the valley
thoughtless actions of the moment
fly howling from treetop
to treetop, quieting
in air thinner than now's, gliding
like swallows from mountaintop
to mountaintop until they
reach the furthest plateaus
along the edge of existence. Where
all our deeds fall
glass-clear
to no ending
except ourselves.

SAMMANHANG

Se det gråa trädet. Himlen runnit
genom dess fibrer ned i jorden –
bara en skrumpen sky är kvar när
jorden druckit. Stulen rymd
vrides i flätverket av rötter, tvinnas
till grönska. – De korta ögonblicken
av frihet stiger ur oss, virvlar
genom parcernas blod och vidare.

CONTEXT

Look at the gray tree. The sky has flowed
through its fibers down into the ground—
just a shrunken cloud remains after
the earth took a drink. Stolen space
is entwined with the braidwork of roots, twisting
into greenery.—The brief moments
of freedom rise out from us, swirling
through the Fates' blood and beyond.

MORGON OCH INFART

Havstruten, solskepparen, styr sin väg.
Under honom är vattnet.
Nu slumrar ännu världen som en
mångfärgad sten i vattnet.
Outtydda dag. Dagar –
som aztekernas skrivtecken!

Musiken. Och jag står fångad
i dess gobeläng, med
höjda armar – lik en figur
ur allmogekonsten.

MORNING AND ENTRANCE

The black-backed gull, sun captain, steers his course.
Below him is the water.
Now the world is still sleeping, like one
multicolored stone in the water.
Undecipherable day. Days—
like the characters of Aztec script!

The music. And I'm held captive
in its tapestry, with
arms raised high—like a figure
straight out of folk art.

I DEN FORSANDE STÄVEN ÄR VILA

En vintermorgon förnimmes hur denna jord
vältrar sig fram. Mot husets väggar
smattrar ett luftdrag
ur det fördolda.

Omflutet av rörelse: stillhetens tält.
Och det hemliga rodret i flyttfågelsflocken.
Ur vinterdunklet
stiger ett tremulo

från dolda instrument. Det är som att stå
under sommarens höga lind, med tiotusen
insektvingars
dån över sitt huvud.

IN THE SURGING PROW THERE IS CALM

One winter morning, you sense how this earth
rolls forward. Against the walls of the house
a blast of air rattles
out from hiding.

Surrounded by motion: tranquility's tent.
And the secret rudder in the migrating bird flock.
Out of the winter darkness
a tremolo rises

from hidden instruments. It's like standing
under summer's tall linden with ten thousand
insect wings
thundering over your head.

DYGNKANTRING

Stilla vaktar skogsmyran, ser i intet
in. Och intet hörs utom dropp från dunkla
lövverk och nattliga sorlet djupt i
              sommarens canyon.

Granen står som visaren på ett urverk,
taggig. Myran glöder i bergets skugga.
Fågel skrek! Och äntligen. Långsamt börjar
              molnforan rulla.

MIDNIGHT SHIFT

The wood ant keeps silent watch, looking into
nothing. And nothing is heard but the dripping
from dark leaves and the nightly murmuring deep
                in summer's canyon.

The spruce tree stands there like the hand of a clock,
pointy. The ant glows in the mountain's shadow.
A bird shrieks! And at last. Slowly the cloudbank
                begins to roll out.

SÅNG

Den vita skaran växte: måsar trutar
i dräkt av segelduk från döda skepp
men fläckad av förbjudna kusters rökar.

Alarm alarm kring avfall från en skuta!
De trängdes tätt och bildade ett flaggspel
som signalerade »ett byte här«.

Och måsar styrde över vattenvidder
med blåa åkrar skridande i skummet.
Tvärs över gick en fosforväg mot solen.

Men i sin forntid färdas Väinämöinen
på havsvidd gnistrande i forntidsljus.
Han rider. Hästens hovar blir ej våta.

Och bakom honom: grön hans sångers skog.
Med eken i ett tusenårigt språng.
Den stora kvarnen drivs av fågelsång.

Och varje träd är fånge i sitt brus.
Med stora kottar glimmande i månljus
när utmarkstallen tändes som en fyr.

Då reser sig Den Andre med sin galdr
och pilen flyr vidöppet seende
med sång i fjädern som ett fågelsträck.

En död sekund när hästen styvnar tvärt
och rämnar över vattenlinjen som
ett blåmoln under åskans känselspröt.

SONG

The white flock grew: a gathering of gulls
dressed in the canvas sails of sunken ships
but stained with the smoke of forbidden coasts.

Alarm alarm around the waste from a boat!
They crowded in close and formed a flagstaff
that signaled to "get some fresh plunder here."

And gulls ruled over the open water
with blue fields rolling forward in the foam.
Crossing a phosphorescent path to the sun.

But old Väinö travels in his ancient time
on a vast sea sparkling in ancient light.
He rides. The horse's hooves are never wet.

And behind him: the green forest of his songs.
With the oak in a thousand-year-old leap.
The enormous mill driven by birdsong.

And every tree is a captive in its din.
With giant cones glinting under the moon
as the distant pine shines like a beacon.

Then The Other rises up with his song-spell,
his arrow flying with wide open sight,
its feather singing like a flock of birds.

For a lifeless second, the horse stiffens
then splits apart over the waterline
like a blue cloud under thunder's antenna.

Och Väinämöinen störtar tungt i havet
(ett brandsegel som väderstrecken spänner).
Alarm alarm bland måsarna vid fallet!

På samma sätt med den som utan ängslan
förhäxad står mitt i sin lyckas tavla
med elva sädeskärvar bugande.

Förtröstans alptopp nynnande i etern
tretusen meter högt där molnen seglar
ikapp. Den stinna brugden vältrar sig

i ljudlöst gapskratt under havets yta.
(Död och förnyelse när vågen kommer.)
Och vinden cyklar genom löven fridfullt.

Då trummar åskan dovt mot horisonten
(som buffelhjorden flyktar i sin rök).
En skuggas näve knyter sig i trädet

och störtar honom nu som står förhäxad
mitt i sin lyckas bild där kvällens himmel
syns glöda bak en vildsvinsmask av skyar.

Hans dubbelgångare blev avundsam
och träffar hemligt avtal med hans kvinna.
Och skuggan samlar sig och blir en flodvåg

en flodvåg mörk med måsar ridande.
Och babordshjärtat fräser i en bränning.
Död och förnyelse när vågen kommer.

Den vita skaran växte: måsar trutar
i dräkt av segelduk från döda skepp
men fläckad av förbjudna kusters rökar.

And old Väinö crashes hard to the sea
(a safety net that spans all compass points).
Alarm alarm among the gulls where he falls!

Like the one who, without any concern,
stands bewitched in his successful picture
amid eleven sheaves of bowing wheat.

The alpine peaks of trust hum in the ether
three thousand meters up, where the racing clouds
sail off. The bloated basking shark wallows

in a soundless guffaw under the sea.
(Death and renewal whenever the wave comes.)
And the wind cycles peacefully through the leaves.

Then a dull thunder drums on the horizon
(as the herd of buffalo flees in its dust).
The shadow of a fist clenches in the tree

and now strikes him down as he stands bewitched
in his successful image where the night sky
seems to glow behind a wild swine's mask of clouds.

His look-alike, who becomes envious,
makes a secret arrangement with his wife.
And the shadow swells into a tidal wave

a tidal wave darkened with riding gulls.
And the portside heart sputters in a breaker.
Death and renewal whenever the wave comes.

The white flock grew: a gathering of gulls
dressed in the canvas sails of sunken ships
but stained with the smoke of forbidden coasts.

Gråtruten: en harpun med sammetsrygg.
I närbild som ett översnöat skrov
med dolda pulsar blixtrande i takt.

Hans flygarnerver i balans. Han svävar.
Han drömmer fotlöst hängande i vinden
sin jägardröm med näbbens skarpa skott.

Han dalar glupskutslagen ner mot ytan
och kränger sig kring rovet som en strumpa
med några ryck. Och lyfter som en ande.

(Förnyelsen är krafters sammanhang
mer gåtfulla än ålens vandringar.
Osynligt träd i blomning. Och liksom

en gråsäl i sin undervattenssömn
går upp till vattenytan, drar ett andetag
och dyker – alltjämt sovande – till bottnen

så här nu Slumraren inom mig hemligt
förenat sig med *det* och återvänt
medan jag stod med blicken fäst på annat.)

Och dieselmotorn dunkande i svärmen
förbi det mörka skäret, fågelskrevan
där hungern blommade med töjda gap.

Ännu vid mörkrets inbrott hördes de:
en ofullgångenhetsmusik som ur
orkesterdiket innan spelet börjat.

Men på sitt forntidshav drev Väinämöinen
ruskad i krabbsjöns vante eller utsträckt
i stiltjens spegelvärld där fåglarna

Herring gull: a harpoon with a velvet back.
In close-up, like a snow-covered boat hull
with hidden pulses flickering in time.

His flier-nerves all in balance. He soars.
Footlessly hanging in the wind, he dreams
his hunter dream with his sharpshooting beak.

In full-bloomed greed, he descends to the surface,
wrenches himself around the prey like a sock
with a few quick tugs. Then rises like a spirit.

(Renewal is the context of forces
more mysterious than eel migrations.
Invisible tree in bloom. And the same way

a gray seal in its underwater sleep
ascends to the sea's surface, takes a breath
and dives to the bottom—all the while sleeping—

so now The Sleeper in me secretly
has joined together with *it* and come back,
while I stood with eyes fixed on something else.)

And the diesel engine throbs in the flock
past the dark shelf of rock, the crevice of birds
where hunger blossomed with gaping jaws.

Even after nightfall they could be heard:
an incomplete music, like the sound of
an orchestra pit before the play begins.

But Väinö drifted on his ancient sea
shaken in its choppy mitt or stretched out
in the doldrums' mirror-world where the birds

förstorades. Och ur ett spillfrö, långt
från land vid havets ände växande
ur vågor, ur en dimbank sköt det upp:

ett väldigt träd med fjällig stam och blad
helt genomskinliga och bakom dem
avlägsna solars fyllda vita segel

gled fram i trance. Och redan lyfter örnen.

were magnified. And out of a stray seed, far
from land at the edge of the sea, growing
out of waves, out of a fog bank it shot up:

an immense tree with scaly trunk, and leaves
completely transparent, and behind them
the filled white sails of distant suns glided

in a trance. And now the eagle lifts off.

ELEGI

Vid utgångspunkten. Som en stupad drake
i något kärr bland dis och dunster, ligger
vårt granskogsklädda kustland. Långt därute:
två ångare som ropar ur en dröm

i tjockan. Detta är den nedre världen.
Orörlig skog, orörlig vattenyta
och orkideens hand som sträcks ur myllan.
På andra sidan, bortom denna farled

men hängande i samma spegling: Skeppet,
som molnet tyngdlöst hänger i sin rymd.
Och vattnet kring dess stäv är orörligt,
i stiltje lagt. Och ändå stormar det!

och fartygsröken blåser vågrätt ut –
där fladdrar solen i dess grepp – och blåsten
står hårt mot ansiktet på den som bordar.
Att ta sig uppför Dödens babordssida.

Ett plötsligt korsdrag och gardinen fladdrar.
Tystnaden ringer som en väckarklocka.
Ett plötsligt korsdrag och gardinen fladdrar.
Tills avlägset en dörr hörs slå igen

långt borta i ett annat år.

·

O marker grå som Bockstensmannens kapprock!
Och ön som svävar mörk i vattenröken.
Det råder stillhet som när radarn svänger
sitt varv på varv i övergivenhet.

ELEGY

At the starting point. Like a dragon fallen deep
into some swamp amid the haze and mist,
our spruce-laden coastline sprawls there. Farther off:
two steamships are calling out from a dream

in the fog. This is the lower world.
Motionless forest, motionless water
and the orchid's hand stretching up from the earth.
On the other side, beyond this channel

but suspended in the same mirror: The Ship,
like the cloud hanging weightless in its space.
And the water around its bow, motionless
in the doldrums. And yet a storm blows in!

And the ship's smoke pours out horizontally—
the sun flickering in its grip—and the gale
stands hard against the face of the one who boards.
Making their way up the port side of Death.

A sudden draft and the curtain flutters.
The silence ringing like an alarm clock.
A sudden draft and the curtain flutters.
Until a distant door is heard slamming

far away in another year.

       •

O terrain as gray as the Bocksten Man's cloak!
And the island floating darkly in the fog.
There's a calmness, as when the radar turns
in its turn upon turn in loneliness.

Det finns en korsväg i ett ögonblick.
Distansernas musik har sammanströmmat.
Allt sammanvuxet till ett yvigt träd.
Försvunna städer glittrar i dess grenverk.

Från överallt och ingenstans det spelar
som syrsor i augustimörkret. Insprängd
som timmerbaggen, slumrar här i natten
torvmossens dräpte färdman. Saven driver

hans tanke upp mot stjärnorna. Och djupt
i berget: här är flädermössens grotta.
Här hänger åren, gärningarna tätt.
Här sover de med sammanfällda vingar.

En dag skall dessa flyga ut. Ett vimmel!
(På avstånd som en rök ur grottans mynning.)
Men ännu råder sommarvintersömnen.
På avstånd vattensorl. I mörka trädet

ett löv som vänder sig.

·

En sommarmorgon fastnar bondens harv
i döda ben och klädestrasor. – Han
låg alltså kvar när torvmossen dränerats
och står nu upp och går sin väg i ljuset.

I varje härad virvlar gyllne frön
kring gammal skuld. Den pansarklädda skallen
i åkerjord. En vandringsman på vägen
och berget följer honom med sin blick.

I varje härad sorlar skyttens rör
vid midnattstid när vingarna slår ut

There's a crossroads in a single moment.
All distant music has flowed together.
All grown together into a lavish tree.
Vanished cities glitter in its branches.

From everywhere and nowhere, it's playing
like crickets in the August dark. Embedded
like a timber beetle, the peat bog's slain
traveler slumbers here at night. Sap propels

his thought upward into the stars. And deep
within the mountain: here is the bat-lined cave.
Here the years and deeds hang close together.
Here they sleep with tightly folded wings.

One day they'll all fly out of there. A swarm!
(From a distance, like smoke from the cave's mouth.)
But it's still their summerwinter sleep.
From a distance, water-murmur. In the dark

tree, a leaf is turning.

·

One summer day, the farmer's harrow catches
on the dead man's bones and tattered clothes.—He'd lain
like that since after the peat bog was drained
and now in the light stands up and goes his way.

In every district, the golden seeds swirl
around old guilt. The armor-clad skull
in tilled farmland. A wanderer on the road
and the mountain keeping its eye on him.

In every district, the marksman's barrel hums
around midnight when the wings unfold

och det förflutna växer i sin störtning
och mörkare än hjärtats meteorsten.

En andens bortvändhet gör skriften glupsk.
En flagga börjar smälla. Vingarna
slår ut kring rovet. Denna stolta färd!
där albatrossen åldras till ett moln

i Tidens gap. Kulturen är en valfångst-
station, där främlingen på promenad
bland vita husgavlar och barn som leker
ändå med varje andetag förnimmer

den dräpte jättens närvaro.

.

Lätt återkastas himlasfärers orrspel.
Musiken, skuldfri i vår skugga, som
fontänens vatten stiger mellan vilddjur,
konstrikt förstenade kring vattenstrålen.

Med stråkarna förklädda till en skog.
Med stråkarna som riggen i ett störtregn –
kajutan vräks under ett störtregns hovar –
och innerst, i kardanupphängning, glädjen.

I afton återspeglas världens stiltje,
när stråkarna satts an men inte rörs.
Orörliga i dimman skogens träd
och vattentundran speglande sig själv.

Musikens stumma hälft är här, som doften
av kåda står kring åskskadade granar.
En underjordisk sommar hos var man.
Där lösgör sig, vid korsvägen, en skugga

and the past expands into its collapse
and darker than the meteor of the heart.

A turned-away spirit makes the writing
ravenous. A flag begins to snap. The wings
unfold around the prey. This proud journey!
Where the albatross ages into a cloud

in Time's mouth. Culture is a whaling station,
where the stranger who goes out for a walk
among white gable roofs and children at play
can nonetheless sense with his every breath

the murdered giant's presence.

·

Black grouse echo the soft calling of the spheres.
The music, guiltless in our shadow, like
the fountain water rising among wild beasts
turned artfully to stone beneath its spray.

With violin bows disguised as a forest.
With violin bows like rigging in a storm—
the cabin thrown under the downpour's hooves—
and at the heart, the gimbal, balances joy.

This evening the world's calmness is reflected
when the violin bows lift but remain still.
Motionless in the misted forest trees
and tundra of water mirroring itself.

Music's voiceless half is here, in the scent
of resin around lightning-injured spruce.
An underground summer for all of us.
There at the crossroads, a shadow breaks free

och spränger bort i bachtrumpetens riktning.
Av nåd ges plötslig tillförsikt. Att lämna
sin jagförklädnad kvar på denna strand,
där vågen slår och sjunker undan, slår

och sjunker undan.

and runs away following the Bach trumpet.
From grace comes sudden confidence. To leave
one's ego-disguise right here on this shore,
where the wave breaks and slides away, breaking

and sliding away.

EPILOG

December. Sverige är ett uppdraget,
avtacklat skepp. Mot skymningshimlen står
dess master kärvt. Och skymning varar längre
än dag – den väg som leder hit är stenig:
vid middagstiden först når ljuset fram
och vinterns colosseum reser sig,
belyst från overkliga moln. Då stiger
med ens den vita röken svindlande
från byarna. Oändligt högt står molnen.
Vid himmelsträdets rötter bökar havet,
förstrött och liksom lyssnande till något.
(Osynligt färdas över själens mörka,
bortvända hälft en fågel, väckande
de sovande med sina rop. Så vrids
refraktorn, fångar in en annan tid,
och det är sommar: bergen råmar, stinna
av ljus och bäcken lyfter solens glitter
i genomskinlig hand . . . Allt sedan borta
som när en filmremsa går av i mörkret.)

Nu genombränner aftonstjärnan molnet.
Träd, gärdsgårdar och hus förstoras, växer
i mörkrets ljudlöst störtande lavin.
Och under stjärnan framkallas alltmer
det andra, dolda landskapet som lever
konturers liv på nattens röntgenplåt.
En skugga drar sin kälke mellan husen.
De väntar.

    Klockan 18 kommer vinden
och spränger fram med dån på bygatan,
i mörkret, som en ryttarskara. Hur

EPILOGUE

December. Sweden is a hauled-aground,
unrigged ship. Her masts stand rigid against
the twilit sky. And twilight lasts longer
than day—the road leading here is rocky:
the first light doesn't arrive until noon
when winter's coliseum rises up,
illuminated by surreal clouds. And then
all at once, the white smoke climbs dizzily
from the villages. The clouds, endlessly high.
The sea rummages around the sky-tree's roots,
distracted, as if listening to something.
(A bird drifts invisibly over the dark
turned-away half of the soul, waking
the sleepers with its cries. The telescope
turns away, caught by another time,
and it's summer: the mountains bellow, bursting
with light, and the brook lifts the sun's glitter
with a transparent hand . . . Then everything's gone
as when a filmstrip reels off in the darkness.)

Now the evening star is burning through the cloud.
Trees, fences, houses magnify and grow
in the soundless plunging avalanche of dark.
And under the star, more and more visible,
lies the other hidden landscape that's living
life's contours on the X-ray plate of night.
A shadow pulls its sled between the houses.
And they wait.

     At six o'clock, the wind picks up
and explodes with a roar down the village street,
in the dark, like a band of horseback riders.

den svarta oron spelar och förklingar!
I orörlighetsdans står husen fångna,
i detta brus som liknar drömmens. Vindstöt
på vindstöt flackar över viken bort
mot öppna sjön som kastar sig i mörkret.
I rymden flaggar stjärnorna förtvivlat.
De tänds och släcks av moln som flyger fram,
som bara när de skymmer ljusen röjer
sin existens, likt det förflutnas moln
som jagar kring i själarna. När jag
passerar stallväggen hörs genom dånet
den sjuka hästens stamp därinifrån.
Och det är uppbrottet i stormen, vid
en trasig grind som slår och slår, en lykta
som slänger från en hand, ett djur som kacklar
förskräckt i berget. Uppbrott när det mullrar
som åskan över fähustaken, brummar
i telefontrådarna, visslar gällt
i tegelpannorna på nattens tak
och trädet hjälplöst kastar sina grenar.

Det lösgör sig en ton av säckpipor!
En ton av säckpipor som tågar fram,
befriande. En procession. En skog på marsch!
Det forsar kring en stäv och mörkret rör sig,
och land och vatten färdas. Och de döda,
som har gått under däck, de är med oss,
med oss på väg: en sjöresa, en vandring
som inte är ett jagande men trygghet.

Och världen river ständigt upp sitt tält
på nytt. En sommardag tar vinden fatt
i ekens rigg och slungar Jorden framåt.
Näckrosen paddlar med sin dolda simfot

How the black unrest plays out and fades down!
The houses trapped in a motionless dance,
in this noise that's just like a dream's. Wind gust
after wind gust drifts off over the bay
to the open sea's deep dive into darkness.
Up in space, the stars flash desperately.
Switched on and off by clouds that race along,
only revealing their existence when
they obscure the light, like clouds from the past
chasing around the souls. When I walk by
the stable wall, I hear through the clamor
the sick horse's stomping from within.
And that's the storm departing, as it exits
a broken gate that slams and slams, a lantern
swinging from a hand, a scared animal
wailing on the mountain. Exiting as it
rumbles like thunder over the cow barn's roof,
growls in the telephone wires, whistles harshly
in roofing tiles on the ceiling of night
and the tree helplessly casts off its branches.

A note is liberated from bagpipes!
A note from bagpipes that marches on, set free.
A procession. A forest on the move!
It surges around a prow and the darkness
stirs, the land and water travel. And the dead,
who have gone belowdecks, are here with us,
on the way with us: a sea voyage, a trek
that's not a pursuit but a reassurance.

And the world's forever tearing down its tent
anew. One summer day the wind takes hold
of the oak's rigging and flings the Earth ahead.
The water lily sculls its hidden webfoot

i tjärnens mörka famn som är på flykt.
Ett flyttblock rullar bort i rymdens hallar.
I sommarskymningen ses öar lyfta
vid horisonten. Gamla byar är
på väg, drar in i skogarna alltlängre
på årstidernas hjul med skatans gnissling.
När året sparkar av sig stövlarna,
och solen klänger högre, lövas träden
och fylls av vind och seglar fram i frihet.
Vid bergets fot står barrskogsbränningen,
men sommarns långa, ljumma dyning kommer,
drar genom trädens toppar sakta, vilar
ett ögonblick och sjunker åter undan –
avlövad kust står kvar. Och slutligen:
Guds ande är som Nilen: översvämmar
och sjunker i en rytm som har beräknats
i texterna från skilda tidevarv.
Men Han är också oföränderlig
och därför sällan observerad här.
Han korsar processionens väg från sidan.

Som fartyget passerar genom dimman
utan att dimman märker något. Tystnad.
Lanternans svaga ljussken är signalen.

in the forest pond's fleeing dark embrace.
A boulder rolls away in the halls of space.
In the summer dusk, islands seem to lift
from the horizon. The old villages
are moving on, drawn farther into the woods
on the magpie-creaking wheels of the seasons.
When the year kicks off its boots, and the sun
clambers higher, the trees leaf out and fill
with wind and then sail away in freedom.
At the mountain's foot, the breaking surf of pine,
but summer's long, balmy sea swell is coming,
gently combing through the tops of trees, resting
a moment and slipping away again—
leaving the leafless coast behind. And at last:
God's spirit is like the Nile: overflowing
and sinking into a rhythm that's been set
in texts throughout the ages.
But He is also inalterable
and, therefore, rarely observed here.
He crosses the procession's path from the side.

Like the ship that's navigating through fog
without the fog noticing a thing. Silence.
The lantern's faint glimmer is the signal.

HEMLIGHETER PÅ VÄGEN / SECRETS ON THE WAY

(1958)

SVENSKA HUS ENSLIGT BELÄGNA

Ett virrvarr av svarta granar
och rykande månstrålar.
Här ligger torpet sänkt
och det tycks utan liv.

Tills morgondaggen sorlar
och en åldring öppnar
– med darrande hand –
fönstret och släpper ut en uv.

Och i ett annat väderstreck
står nybygget och ångar
med lakanstvättens fjäril
fladdrade vid knuten

mitt i en döende skog
där förmultningen läser
genom glasögon av sav
barkborrarnas protokoll.

Sommar med linhåriga regn
eller ett enda åskmoln
över en hund som skäller.
Fröet sparkar i jorden.

Upprörda röster, ansikten
flyger i telefontrådarna
på förkrympta snabba vingar
över myrmarkernas mil.

Huset på en ö i älven
ruvande sina grundstenar.

REMOTE SWEDISH HOUSES

A tangled stand of black spruce
and smoldering moonbeams.
Here's the sagging cottage
and there's no sign of life.

Until the morning dew murmurs
and an elder opens
—with trembling hand—
the window and lets out an owl.

And at another compass point,
there's the new building, steaming
with the laundry-butterfly
flapping on the corner

in the midst of a dying forest
where decomposition reads
through eyeglasses of pitch
the bark beetles' transcripts.

Summer with towheaded rain
or a single thundercloud
over a barking dog.
The seed kicks in the earth.

Disturbed voices, faces
flying in the telephone wires
on swift stunted wings
over the miles of marshland.

The house on an island in the river
hatches its foundation stones.

En ständig rök – man bränner
skogens hemliga papper.

Regnet vänder i himlen.
Ljuset slingrar i älven.
Hus på branten övervakar
vattenfallets vita oxar.

Höst med en liga av starar
som håller gryningen i schack.
Människorna rör sig stelt
på lampskenets teater.

Låt dem känna utan ängslan
de kamouflerade vingarna
och Guds energi
hoprullad i mörkret.

Steady stream of smoke—they're burning
the forest's secret papers.

Rain veers across the sky.
Light meanders through the river.
Houses on the cliff watch over
the waterfall's white oxen.

Autumn with a mob of starlings
keeping the dawn at bay.
The people are moving stiffly
in the theater of lamplight.

Let them feel without angst
the camouflaged wings
and God's energy
coiled up in the darkness.

HAN SOM VAKNADE AV SÅNG ÖVER TAKEN

Morgon, majregn. Staden är ännu stilla
som en fäbod. Gatorna stilla. Och i
himlen mullrar blågrönt en flygplansmotor. –
                    Fönstret är öppet.

Drömmen där den sovande ligger utsträckt
blir då genomskinlig. Han rör sig, börjar
treva efter uppmärksamhetens verktyg –
                    nästan i rymden.

HE WHO WOKE TO SINGING OVER THE ROOFTOPS

Morning, May-rain. The city's still as quiet
as a shepherd's hamlet. The streets quiet. And
an aircraft engine rumbles the blue-green sky.—
                         The window's open.

The dream where the sleeper who's lying stretched out
becomes transparent. He's stirring, beginning
to grope around for the tools of attention—
                         nearly reaching space.

VÄDERTAVLA

Oktoberhavet blänker kallt
med sin ryggfena av hägringar.

Ingenting är kvar som minns
kappseglingarnas vita yrsel.

En bärnstensdager över byn.
Och alla ljud i långsam flykt.

Ett hundskalls hieroglyf står målad
i luften över trädgården

där den gula frukten överlistar
trädet och låter sig falla.

WEATHER PORTRAIT

The October sea glitters coldly
with its dorsal fin of mirages.

Nothing is left that remembers
the white vertigo of yacht races.

An amber glow over the village.
And all sounds are in a slow flight.

A dog's bark is a hieroglyph brushed
in the air over the garden

where the yellowed fruit outsmarts
the tree and lets itself fall.

DE FYRA TEMPERAMENTEN

Rannsakande ögat förvandlar solstrålarna till polisbatonger.
Och på kvällen: glammet från en fest i våningen inunder
skjuter upp som overkliga blommor genom golvet.

For på slätten. Mörker. Vagnen tycktes ej komma ur fläcken.
En anti-fågel skriade i stjärntomhet.
Albinosolen stod över kastade mörka sjöar.

.

En man som ett uppryckt träd med kraxande löv
och en blixt i givakt såg den vilddjursdoftande
solen slå upp bland smattrande vingar på världens

klippö forsande fram bakom fanor av skum genom natt
och dag med vita sjöfåglar skränande
på däcket och alla med biljett till Kaos.

.

Det är bara att blunda så hör man tydligt
måsarna ringa söndag över havets oändliga socken.
En gitarr börjar knäppa i snåret och molnet vandrar

långsamt som den sena vårens gröna släde
– med det gnäggande ljuset förspänt –
kommer glidande på isen.

.

Vaknade med väninnans klackar smällande i drömmen
och utanför två snödrivor som vinterns kvarglömda handskar
medan flygblad från solen dråsade över staden.

THE FOUR TEMPERAMENTS

The probing eye turns sunbeams into police batons.
And come evening: the hoopla from a party in the room below
shoots up through the floor like surreal flowers.

Drove along the flatlands. Darkness. The car seemed rooted in place.
An anti-bird screeched into the starry void.
The albino sun stood over heaving dark seas.

·

A man like an uprooted tree with cawing leaves
and lightning-bolt attention watched the wild-beast-scented
sun rising among wings clattering above the world's

rocky islands rushing out from behind banners of foam
all night and day, with white seabirds squawking
on deck and everyone holding a ticket to Chaos.

·

You just need to close your eyes to hear clearly
the gulls pealing Sunday over the sea's infinite parish.
A guitar begins to strum in the bushes and the cloud wanders

slowly like late spring's green sleigh
—with the neighing light fastened tight—
as it comes gliding along the ice.

·

Woke up to my friend's high heels clacking in a dream
and two snowdrifts outside like winter's forgotten gloves,
while leaflets from the sun tumbled over the city.

Vägen tar aldrig slut. Horisonten skyndar framåt.
Fåglarna skakar i trädet. Dammet yr kring hjulen.
Alla rullande hjul som motsäger döden!

The road never ends. The horizon hurries on ahead.
Birds shudder in the tree. Dust swirls around the wheels.
All the rolling wheels that contradict death!

CAPRICHOS

Det mörknar i Huelva: sotiga palmer
och tågvisslingens ilande
silvervita fladdermöss.

Gatorna har uppfyllts av människor.
Och damen som skyndar i trängseln väger försiktigt
det sista dagsljuset på sina ögons våg.

Kontorets fönster öppna. Ännu hörs
hur hästen trampar därinne.
Den gamla hästen med stämplarnas hovar.

Först efter midnatt blir gatorna tomma.
Det är äntligen blått på alla kontor.

Där uppe i rymden:
travande tyst, gnistrande och svart,
osedd och obunden,
med ryttaren avkastad:
en ny stjärnbild som jag kallar »Hästen«.

CAPRICHOS

It's getting dark in Huelva: sooty palm trees
and the train whistle's darting
silverwhite bats.

The streets have filled up with people.
And the lady dashing through the crowd carefully weighs
the last of daylight on the scale of her eyes.

The office windows open. You can still hear
how the horse is stomping in there.
The old horse with the intaglio-stamp hooves.

Only after midnight do the streets empty.
At last, it's blue in every office.

Up there in space:
trotting silently, brilliant and black,
unseen and untethered,
with its rider thrown off:
a new constellation I call "The Horse."

SIESTA

Stenarnas pingst. Och med sprakande tungor . . .
Staden utan tyngd i middagstimmans rymd.
Gravläggning i sjudande ljus. Trumman som överröstar
den innelåsta evighetens bultande nävar.

Örnen stiger och stiger över de sovande.
Sömn där kvarnhjulet vänder sig som åskan.
Tramp från hästen med bindel för ögon.
Den innelåsta evighetens bultande nävar.

De sovande hänger som lod i tyrannernas klocka.
Örnen driver död i solens strömmande vita fors.
Och ekande i tiden – som i Lasarus' kista –
den innelåsta evighetens bultande nävar.

SIESTA

Pentecost of the stones. And with glistening tongues . . .
The city weightless in the cosmos of the noon hour.
A burial in simmering light. The drum that drowns out
the pounding fists of eternity locked inside.

The eagle spirals up and up over the sleepers.
Sleep, where the wheel of the mill turns like thunder.
The clomping of a blindfolded horse.
The pounding fists of eternity locked inside.

The sleepers hang like weights in the tyrants' clock.
The eagle drifts dead in the sun's streaming white rapids.
And echoing through time—like in Lazarus's coffin—
the pounding fists of eternity locked inside.

IZMIR KLOCKAN TRE

Strax framför på den nästan tomma gatan
två tiggare, den ene utan ben –
han bars omkring på ryggen av den andre.

De stod – som på en midnattsväg ett djur
står bländat stirrande i bilens lyktor –
ett ögonblick och fortsatte att gå

och rörde sig som pojkar på en skolgård
snabbt över gatan medan middagshettans
myriader klockor tickade i rymden.

Blått gled förbi på redden, flimrande.
Svart kröp och krympte, stirrande ur sten.
Vitt blåste upp till storm i ögonen.

När klockan tre var trampat under hovar
och mörkret bultade i ljusets vägg
låg staden krypande vid havets dörr

och glimmande i gamens kikarsikte.

IZMIR AT THREE O'CLOCK

Straight ahead in the nearly empty street:
two beggars, the one without legs
being carried around on the other guy's back.

They stood—the way an animal stands, staring
blindly at car headlights on a midnight road—
just for a moment, before moving on

and they hustled like boys in a schoolyard,
quickly crossing the street, while the midday heat's
legions of clocks kept on ticking in space.

Blue slipped past at anchor, shimmering.
Black crept and shrank, staring out from rock.
White blew into a storm in the eye.

When three o'clock was trampled under hooves
and darkness pounded on the wall of light,
the city lay crawling at the sea's door

and gleaming in the vulture's telescopic sight.

HEMLIGHETER PÅ VÄGEN

Dagsljuset träffade ansiktet på en som sov.
Han fick en livligare dröm
men vaknade ej.

Mörkret träffade ansiktet på en som gick
bland de andra i solens starka
otåliga strålar.

Det mörknade plötsligt som av ett störtregn.
Jag stod i ett rum som rymde alla ögonblick –
ett fjärilsmuseum.

Och ändå solen lika starkt som förut.
Dess otåliga penslar målade världen.

SECRETS ON THE WAY

Daylight touched the face of a man who slept.
He had a livelier dream
but didn't wake up.

Darkness touched the face of a man who walked
among the others under the sun's strong
impatient rays.

It darkened suddenly as if from a rainstorm.
I stood in a room that contained every moment—
a butterfly museum.

And still the sun was as intense as before.
Its impatient brushes painting the world.

SPÅR

På natten klockan två: månsken. Tåget har stannat
mitt ute i slätten. Långt borta ljuspunkter i en stad,
flimrande kallt vid synranden.

Som när en människa gått in i en dröm så djupt
att hon aldrig ska minnas att hon var där
när hon återvänder till sitt rum.

Och som när någon gått in i en sjukdom så djupt
att allt som var hans dagar blir några flimrande punkter, en svärm,
kall och ringa vid synranden.

Tåget står fullkomligt stilla.
Klockan två: starkt månsken, få stjärnor.

TRACKS

Two o'clock at night: moonlight. The train has stopped
out in the middle of the field. Distant points of light from a city,
flickering coldly on the horizon.

As when a person has gone into a dream so deep
she'll never remember she was there
when she returns to her room.

Or when someone has gone into an illness so deep
his days all become a few flickering points, a swarm,
cold and slight on the horizon.

The train stands completely still.
Two o'clock: strong moonlight, few stars.

KYRIE

Ibland slog mitt liv upp ögonen i mörker.
En känsla som om folkmassor drog genom gatorna
i blindhet och oro på väg till ett mirakel,
dan jag osynligt förblir stående.

Som barnet somnar in med skräck
lyssnande till hjärtats tunga steg.
Långt, långt tills morgonen sätter strålarna i låsen
och mörkrets dörrar öppnar sig.

KYRIE

Sometimes my life opened its eyes in the dark.
A feeling as if crowds moved through the streets
in blindness and angst on the way to a miracle,
while I, invisible, remain standing still.

Like the child who falls asleep afraid
listening to his heart's heavy steps.
Long, long, until morning slips its rays in the locks
and the doors of darkness open.

EN MAN FRÅN BENIN

*Om ett fotografi av en 1500-talsrelief i brons från
negerriket Benin, föreställande en portugisisk
jude.*

Då mörkret föll var jag stilla
men min skugga bultade
mot hopplöshetens trumskinn.
När slagen började dö bort
såg jag bilden av en bild
av en man som trädde fram
på den sida av det tomma
som låg uppslagen.
Som att gå förbi ett hus
övergivet sedan länge
och någon visar sig i fönstret.
En främling. Han var lotsen.
Han tycktes uppmärksam.
Kom närmare utan ett steg.
I en hatt som kupade sig
härmande vår hemisfär
med brättet vid ekvatorn.
Håret delat i två fenor.
Skägget hängde krusat
som vältalighet kring munnen.
Han höll högra armen böjd.
Den var smal som ett barns.
Den falk som skulle haft sin plats
på hans arm växte fram
i hans anletsdrag.
Han var ambassadören.
Avbruten mitt ett tal
som tystnaden fortsätter

A MAN FROM BENIN

*On a photograph of a 16th-century bronze relief,
from the African nation of Benin, portraying a
Portuguese Jew.*

When darkness fell I was calm
but my shadow pounded
against the drumhead of hopelessness.
When the pounding eased up
I saw the image of an image
of a man who came forward
from the page of the emptiness
that lay open.
Like walking past a house
abandoned ages ago
and someone shows up at the window.
A stranger. He was the sea pilot.
He seemed vigilant.
Came closer without taking a step.
Wearing a hat that curved upward
mirroring our hemisphere
with its brim at the equator.
His hair was parted into two fins.
His beard hung curled
around his mouth like eloquence.
He held his right arm bent.
It was as slender as a child's.
The falcon that would have taken its place
there on his arm emerged
in the features of his face.
He was the ambassador.
Interrupted in the midst of a speech
that the silence carries on

med än starkare makt.
Tre stammar teg i honom.
Han var tre folks bild.
En jude från Portugal,
bortseglad med de andra,
de drivande och bidande,
den hopkrupna flocken
i karavellen som var
deras gungande trämoder.
Landstigen i en främmande doft
som gjorde luften luden.
Iakttagen på marknadsplatsen
av negern-gjutkonstnären.
Länge i hans ögons karantän.
Återfödd i metallens ras:
»Jag är kommen för att möta
den som höjer upp sin lykta
för att se sig själv i mig.«

with even greater force.
Three clans kept silent within him.
He was the image of three peoples.
A Jew from Portugal,
who sailed away with the others,
the ones drifting and waiting,
the huddled-up flock
in the caravel that was
their rocking wood-mother.
Making landfall in a foreign scent
that made the air feel fuzzy.
Observed in the marketplace
by the African bronze sculptor.
A long time in his eyes' quarantine.
Born again into the metal race:
"I am come for to meet
the one who lifts their lamp
to see themself in me."

BALAKIREVS DRÖM

1905

Den svarta flygeln, den glänsande spindeln
stod darrande mitt i sitt nät av musik.

I konsertsalen tonades fram ett land
där stenarna inte var tyngre än dagg.

Men Balakirev somnade under musiken
och drömde en dröm om tsarens droska.

Den rullade fram över kullerstenar
rakt in i det kråkkraxande mörka.

Han satt ensam inne i vagnen och såg
men sprang ändå bredvid på vägen.

Han visste att resan hade varat länge
och hans klocka visade år, inte timmar.

Det var ett fält där plogen låg
och plogen var en fågel som störtat.

Det var en vik där fartyget låg
infruset, släckt, med folk på däcket.

Droskan gled dit över isen och hjulen
spann och spann med ett ljud av silke.

Ett mindre krigsfartyg: »Sevastopol«.
Han var ombord. Besättningsmän kom fram.

»Du slipper dö om du kan spela.«
De visade ett egendomligt instrument.

BALAKIREV'S DREAM

1905

The black grand piano, the gleaming spider
stood trembling in the midst of its music net.

In the concert hall a land was emerging
where the stones were no heavier than dew.

But Balakirev fell asleep during the music
and dreamed a dream about the tsar's carriage.

It rolled along over the cobblestones
straight into the crow-cawing dark.

He sat alone in the cab and looked out
but at the same time ran alongside in the road.

He knew that the trip had been long
and his watch showed years, not hours.

There was a field where the plow lay
and the plow was a crash-landed bird.

There was a bay where the ship lay
icebound, lights out, with people on deck.

The carriage glided across that ice and the wheels
spun and spun with a sound of silk.

A lesser battleship: *Sevastopol.*
He was aboard. The crew came forward.

"You won't have to die if you can play."
They showed him a peculiar instrument.

Det liknade en tuba, eller en fonograf,
eller en del av någon okänd maskin.

Stelrädd och hjälplös förstod han: det är
det instrument som driver örlogsskeppen.

Han vände sig mot den närmaste matrosen,
tecknade förtvivlat med handen och bad:

»gör korstecknet som jag, gör korstecknet!«
Matrosen stirrade sorgset som en blind,

sträckte ut armarna, huvudet sjönk ned –
han hängde liksom fastspikad i luften.

Trummarna slog. Trummarna slog. Applåder!
Balakirev vaknade upp ur sin dröm.

Applådernas vingar smattrade i salen.
Han såg mannen vid flygeln resa sig upp.

Ute låg gatorna mörklagda av strejken.
Droskorna rullade hastigt i mörkret.

MILIJ BALAKIREV
1837–1910, rysk tonsättare

It looked like a tuba, or a phonograph,
or a part to some obscure machine.

Scared stiff and helpless he understood: this
is the instrument that drives the warship.

He turned to the sailor nearest him,
desperately signaled with his hands and begged:

"Make the sign of the cross like me, cross yourself!"
The sailor stared somberly like a blind man,

stretched his arms out, sank his head down—
he hung as if nailed to the air.

The drums beat. The drums beat. Applause!
Balakirev woke up from his dream.

The applause-wings pattered around the hall.
He watched the man at the grand piano rise.

Outside the streets lay blacked out by the strike.
The carriages rolled swiftly through the darkness.

MILY BALAKIREV
1837–1910, Russian composer

EFTER ANFALL

Den sjuka pojken.
Fastlåst i en syn
med tungan styv som ett horn.

Han sitter med ryggen vänd mot tavlan med sädesfältet.
Bandaget kring käken för tanken till balsamering.
Hans glasögon är tjocka som en dykares. Och allting är utan svar
och häftigt som när telefonen ringer i mörkret.

Men tavlan bakom. Det är ett landskap som ger ro fast säden är en gyllene storm.
Blåeldsblå himmel och drivande moln. Därunder i det gula svallet
seglar några vita skjortor: skördemän – de kastar inga skuggor.

Det står en man långt borta på fältet och tycks se hitåt.
En bred hatt skymmer hans ansikte.
Hans tycks betrakta den mörka gestalten här i rummet, kanske till hjälp.

Omärkligt har tavlan börjat vidga sig och öppnas bakom den sjuke
och försjunkne. Det gnistrar och hamrar. Varje ax är tänt som för att väcka honom!
Den andre – i säden – ger ett tecken.

Han har närmat sig.
Ingen ser det.

AFTER A SEIZURE

The sick boy.
Locked in a vision
with his tongue stiff as a horn.

He sits with his back to the painting of a wheat field.
The bandage around his jaw calls to mind an embalming.
His eyeglasses are as thick as a diver's mask. And everything's unanswered
and violent, as when the telephone rings in the dark.

But the painting. It's a landscape that conveys calm, even though the wheat is a
        golden storm.
A sky the blue of bugloss, and drifting clouds. Below them in the yellow surge,
a few white shirts are sailing: harvesters—they cast no shadows.

There's a man far off in the field who seems to be looking this way.
A broad hat obscures his face.
He seems to be pondering the dark figure here in this room, maybe to help.

Subtly, the painting has begun to expand and open behind the boy who is sick
and lost in thought. It flashes and throbs. Every spike of wheat is lit as if to wake
        him up!
The other man—in the wheat—gives a sign.

He's come closer.
No one notices.

RESANS FORMLER

Från Balkan – 55

I

Ett sorl av röster efter plöjaren.
Han ser sig inte om. De tomma fälten.
Ett sorl av röster efter plöjaren.
En efter en gör skuggorna sig loss
och störtar in i sommarhimlens avgrund.

II

Det kommer fyra oxar under himlen.
Ingenting stolt hos dem. Och dammet tätt
som ylle. Insekternas pennor raspar.

Ett vimlande av hästar, magra som
på grå allegorier över pesten.
Ingenting milt hos dem. Och solen yr.

III

Stalldoftande byn med smala hundar.
Partiets funktionär på marknadstorget
i stalldoftande byn med vita hus.

Hans himmel följer honom: det är högt
och trångt som inuti en minaret.
Vingsläpande byn på bergets sluttning.

THE JOURNEY'S FORMULAS

From the Balkans—'55

I

A murmur of voices behind the plowman.
He doesn't look around. The empty fields.
A murmur of voices behind the plowman.
One by one the shadows break free and plummet
into the abyss of the summer sky.

II

Under the sky, four oxen arrive.
Nothing proud about them. And the dust thick
as wool. The pens of the insects rasping.

A swarm of horses, scrawny like those
in the gray allegories of the plague.
Nothing gentle about them. And the sun whirls.

III

The barn-scented village with skinny dogs.
Party officials in the market square
in the barn-scented village with white houses.

His sky is following him: it is high
and cramped like the inside of a minaret.
Wing-dragging village on the mountainside.

IV

Ett gammalt hus har skjutit sig för pannan.
Två pojkar sparkar boll i skymningen.
En svärm av snabba ekon. – Plötsligt stjärnklart.

V

På väg i det långa mörkret. Envist skimrar
mitt armbandsur med tidens fånga insekt.

Den fullsatta kupén är tätt av stillhet.
I mörkret strömmar ängarna förbi.

Men skrivaren är halvvägs i sin bild
och färdas där på en gång mullvad och örn.

IV

An old house has shot itself in the forehead.
A couple of boys kick a ball at dusk.
A cluster of rapid echoes.—Sudden stars.

V

On the road in the long darkness. Stubbornly,
my wristwatch shines with time's captive insects.

The crowded compartment is dense with stillness.
In the darkness, the meadows stream past.

But the writer is halfway to his image
and travels there, both mole and eagle at once.

FÄNGELSE / PRISON

(1959)

FÄNGELSE

De sparkar fotboll
plötslig förvirring – bollen
flög över muren.

■

De väsnas ofta
för att skrämma tiden in
i snabbare lunk.

■

Felstavade liv –
skönheten kvarlever som
tatueringar.

PRISON

They're playing soccer.
Sudden commotion—the ball's
flown over the wall.

.

They often make noise
to scare time into plodding
more quickly along.

.

These wrongly spelled lives—
vestiges of their beauty
remain like tattoos.

När rymmaren greps
bar han fickorna fulla
med kantareller.

■

Verkstädernas dån
och vakttornens tunga steg
förbryllade skogen.

■

Porten glider upp
vi står på anstaltsgården
i en ny årstid.

When the runaway
got caught, they found his pockets
stuffed with chanterelles.

.

The roaring workshop
and watchtower's heavy steps
perplexed the forest.

.

The doorway opens
and we're in the prison yard
in a new season.

Murens lampor tänds –
nattflygaren ser en fläck
av overkligt ljus.

                ·

Natt – en långtradare
går förbi, internernas
drömmar i darrning.

                ·

Pojken dricker mjölk
och somnar trygg i sin cell,
en moder av sten.

The wall lamps come on—
the night pilot sees a spot
of unreal brightness.

.

Night—a long-haul truck
passing by outside trembles
in the inmates' dreams.

.

The boy drinks his milk
and sleeps safely in his cell,
a mother of stone.

DEN HALVFÄRDIGA HIMLEN /

THE HALF-FINISHED HEAVEN

(1962)

PARET

De släcker lampan och dess vita kupa skimrar
ett ögonblick innan den löses upp
som en tablett i ett glas mörker. Sedan lyftas.
Hotellets väggar skjuter upp i himmelsmörkret.

Kärlekens rörelser har mojnat och de sover
men deras hemligaste tankar möts
som när två färger möts och flyter in i varann
på det våta papperet i en skolpojksmålning.

Det är mörkt och tyst. Men staden har ryckt närmare
i natt. Med släckta fönster. Husen kom.
De står i hopträngd väntan mycket nära,
en folkmassa med uttryckslösa ansikten.

THE COUPLE

They turn off the lamp and its white globe glimmers
for a moment before dissolving
like a tablet in a glass of darkness. Then is lifted.
The walls of the hotel soar up into the night sky.

Their acts of passion have quieted down and they sleep
but their most secret thoughts are meeting now
as when two colors join and flow into each other
on the wet paper of a schoolboy's painting.

It's dark and quiet. But the city has drawn closer
tonight. With windows dimmed. Houses have come.
They're clustered together, waiting nearby,
a crowd with blank expressions on their faces.

TRÄDET OCH SKYN

Det går ett träd omkring i regnet,
skyndar förbi oss i det skvalande grå.
Det har ett ärende. Det hämtar liv ur regnet
som en koltrast i en fruktträdgård.

Då regnet upphör stannar trädet.
Det skymtar rakt, stilla i klara nätter
i väntan liksom vi på ögonblicket
då snöflingorna slår ut i rymden.

THE TREE AND THE SKY

There's a tree walking around in the rain,
hurrying past us in the pouring gray.
It has an errand. It's gathering life out of the rain
like a blackbird in an orchard.

When the rain lets up, the tree stops.
Catch a full glimpse of it, still on clear nights
waiting like us for the moment
when snowflakes leaf out in space.

ANSIKTE MOT ANSIKTE

I februari stod levandet still.
Fåglarna flög inte gärna och själen
skavde mot landskapet så som en båt
skaver mot bryggan den ligger förtöjd vid.

Träden stod vända med ryggen hitåt.
Snödjupet mättes av döda strån.
Fotspåren åldrades ute på skaren.
Under en presenning tynade språket.

En dag kom någonting fram till fönstret.
Arbetet stannade av, jag såg upp.
Färgerna brann. Allt vände sig om.
Marken och jag tog ett språng mot varann.

FACE TO FACE

In February existence stood still.
Birds didn't fly willingly and the soul
chafed against the landscape the way a boat
chafes against the dock it lies moored to.

The trees stood with their backs to us.
Snow depth was measured with dead straw.
Footprints grew old out on the crust.
Under a tarp, language withered.

One day something appeared at the window.
Work came to a halt, I looked up.
The colors burned. Everything turned around.
The land and I sprang toward each other.

KLANGEN

Och trasten blåste på de dödas ben med sin sång.
Vi stod under ett träd och kände tiden sjunka och sjunka.
Kyrkogården och skolgården möttes och vidgades i varann som två strömmar
        i havet.

Kyrkklockornas klang gick till väders buren av segelflygplanens milda hävarm.
De lämnade kvar en väldigare tystnad på jorden
och ett träds lugna steg, ett träds lugna steg.

RINGING

And the thrush blew on the bones of the dead with its song.
We stood under a tree and felt time slipping under and under.
The graveyard and the schoolyard met and spread into each other like two currents
      in the sea.

The ringing of church bells was carried aloft by the gentle lever of the gliders.
They left behind a mightier silence on earth
and a tree's calm steps, a tree's calm steps.

GENOM SKOGEN

En plats som kallas Jakobs kärr
är sommardagens källare
där ljuset surnar till en dryck
som smakar ålderdom och slum.

De svaga jättarna står snärjda
tätt så ingenting kan falla.
Den knäckta björken multnar där
i upprätt ställning som en dogm.

Från skogens botten stiger jag.
Det ljusnar mellan stammarna.
Det regnar över mina tak.
Jag är en stupränna för intryck.

I skogsbrynet är luften ljum. –
Stora gran, bortvänd och mörk
vars mule gömd i jordens mull
dricker skuggan av ett regn.

THROUGH THE WOODS

A place called Jacob's Swamp
is the summer day's basement
where the light sours to a drink
that tastes like old age and slums.

The weakened giants are entangled
so densely, nothing can fall.
The split birch rots where it stands
upright like a dogma.

From the forest floor, I rise.
It's brightening between the trunks.
It's raining over my roofs.
I'm a downspout of impressions.

At the wood's edge, the air is mild.—
A large spruce, back turned and dark,
its muzzle buried in the earth
drinking the shadow of rain.

NOVEMBER MED SKIFTNINGAR AV ÄDELT PÄLSVERK

Just det att himlen är så grå
får marken själv att börja lysa:
ängarna med sitt skygga gröna,
den paltbrödsmörka åkerjorden.

Det finns en ladas röda vägg.
Och det finns marker under vatten
som blanka risfält i ett Asien –
där stannar måsarna och minns.

Disiga tomrum mitt i skogen
som klingar sakta mot varann.
Inspiration som lever skymd
och flyr i skogen som Nils Dacke.

NOVEMBER WITH TONES OF NOBLE FUR

Precisely because the sky is so gray
the land itself begins to shine:
the meadows with their timid greens,
the farmland dark as blood bread.

There's the red wall of a barn.
And there's terrain under the water
like glossy rice fields in an Asia—
where the gulls gather and remember.

Deep in the forest, mist-filled spaces
gently clink against each other.
Inspiration that lives hidden
and flees into the woods like Nils Dacke.

RESAN

På tunnelbanestationen.
En trängsel bland plakat
i ett stirrande dött ljus.

Tåget kom och hämtade
ansikten och portföljer.

Mörkret nästa. Vi satt
som stoder i vagnarna
som halades i hålorna.
Tvång, drömmar, tvång.

På stationer under havsnivån
sålde man mörkrets nyheter.
Folk var i rörelse, sorgset,
tyst under urtavlorna.

Tåget förde med sig
ytterkläder och själar.

Blickar i alla riktningar
på resan genom berget.
Ingen förändring ännu.

Men närmare ytan började
frihetens humlor surra.
Vi steg ur jorden.

Landet slog med vingarna
en gång och blev stilla
under oss, vidsträckt och grönt.

Sädesax blåste in
över perrongerna.

THE JOURNEY

At the underground station.
A crowd crammed among billboards
in a staring dead light.

The train arrived and gathered
faces and briefcases.

Next, darkness. We sat
like statues in the train cars
being hauled down into the pits.
Constraint, dreams, constraint.

In stations below sea level
news of the darkness was sold.
People were in motion, somber,
quiet under the faces of clocks.

The train brought along
outdoor clothing and souls.

Eyes looking in every direction
on the journey through the mountain.
No transformation yet.

But closer to the surface, the bees
of freedom started buzzing.
We rose up from the earth.

The landscape flapped its wings
once and grew still
beneath us, spacious and green.

Spikes of wheat blew in
over the platforms.

Slutstationen! Jag följde
med bortom slutstationen.

Hur många var med? Fyra,
fem, knappast flera.

Hus, vägar, skyar,
blå fjärdar, berg
öppnade sina fönster.

Last stop! I went along
beyond the last stop.

How many were aboard? Four,
five, hardly more.

Houses, roads, clouds,
blue coves, mountains
opened their windows.

C-DUR

När han kom ner på gatan efter kärleksmötet
virvlade snö i luften.
Vintern hade kommit
medan de låg hos varann.
Natten lyste vit.
Han gick fort av glädje.
Hela staden sluttade.
Förbipasserande leenden –
alla log bakom uppfällda kragar.
Det var fritt!
Och alla frågetecken började sjunga om Guds tillvaro.
Så tyckte han.

En musik gjorde sig lös
och gick i yrande snö
med långa steg.
Allting på vandring mot ton C.
En darrande kompass riktad mot C.
En timme ovanför plågorna.
Det var lätt!
Alla log bakom uppfällda kragar.

C MAJOR

When he came down to the street after their love tryst
snow was whirling through the air.
Winter had come
while they lay with each other.
The night shone white.
He walked quickly with joy.
The whole city tilted.
The smiling passersby—
everyone smiling behind turned-up collars.
It was free!
And all the question marks began singing of God's existence.
So he thought.

A melody was set loose
and walked through the whirling snow
with long strides.
Everything on the way to the note C.
A trembling compass needle pointing at C.
An hour risen above the torments.
It was easy!
Everyone smiling behind turned-up collars.

DAGSMEJA

Morgonluften avlämnade sina brev med frimärken som glödde.
Snön lyste och alla bördor lättade – ett kilo vägde 700 gram inte mer.

Solen fanns högt över isen flygande på stället både varm och kall.
Vinden gick fram sakta som om den sköt en barnvagn framför sig.

Familjerna gick ut, de såg öppen himmel för första gången på länge.
Vi befann oss i första kapitlet av en mycket stark berättelse.

Solskenet fastnade på alla pälsmössor som frömjöl på humlorna
och solskenet fastnade på namnet VINTER och satt kvar där tills vintern var över.

Ett stilleben av timmerstockar på snön gjorde mig tankfull. Jag frågade dem:
»Följer Ni med till min barndom?« De svarade »ja«.

Inne bland snåren hördes ett mummel av ord på ett nytt språk:
vokalerna var blå himmel och konsonanterna var svarta kvistar och det talade så
        sakta över snön.

Men reaplanet nigande i sitt dåns kjolar
fick tystnaden på jorden att växa i styrka.

MIDDAY THAW

The morning air delivered its letters with stamps that glowed.
The snow glistened and all burdens were lifted—a kilo weighed 700 grams,
      no more.

High over the ice the sun was flying in place, both warm and cold.
The wind advanced gently, as if pushing a baby stroller.

Families went outside, seeing open sky for the first time in a long while.
We found ourselves in the first chapter of a captivating story.

The sunshine stuck to all the fur hats like pollen to the bees
and the sunshine stuck to the name WINTER and stayed there until winter's end.

A still life of harvested logs on the snow made me thoughtful. I asked them:
"Are you coming along to my childhood?" They answered, "Yes."

Deep in the thicket, there was a mumbling of words in a new language:
the vowels were blue sky, the consonants black twigs, and spoken so softly over
      the snow.

But the jet curtsying in its thundering skirts
intensified the strength of silence on Earth.

NÄR VI ÅTERSÅG ÖARNA

När båten nalkas därute
kommer ett slagregn och gör den blind.
Kvicksilverkulorna ryser på vattnet.
Det blågrå lägger sig ner.

Havet finns också i stugorna.
En strimma i farstuns mörker.
Tunga steg på övervåningen
och kistor med nystrukna leenden.
En indisk orkester av kopparkärl.
En baby med ögon i sjögång.

(Regnet börjar försvinna.
Röken tar några stapplande steg
i luften över taken.)

Här följer mera
som är större än drömmar.

Stranden med alarnas kyffen.
Ett plakat med påskriften KABEL.
Den gamla ljungheden lyser
för någon som kommer flygande.

Bakom klipparna rika tegar
och fågelskrämman vår utpost
som vinkar färgerna till sig.

En alltid ljus förvåning
när ön räcker ut en hand
och drar mig upp ur sorgsenhet.

WHEN WE SAW THE ISLANDS AGAIN

Just as the boat approaches
a driving rain sets in and blinds it.
Beads of quicksilver shiver on the water.
The blue-gray settles down.

The sea is in the cottages, too.
A gleam in the hallway's darkness.
Heavy footsteps on the upper floor
and chests with freshly painted grins.
An Indian orchestra of copper pots.
A baby with the high seas in its eyes.

(The rain begins to disappear.
The smoke takes a few stumbling steps
in the air over the rooftops.)

Here come more
that are larger than dreams.

The beach with the alder shacks.
A placard with the message CABLE.
The old heather moorland shines
for someone who comes flying.

Behind the rocks, fertile plots
and the scarecrow, our outpost
beckoning to the colors.

Always a bright surprise
when the island extends a hand
and pulls me up out of sadness.

FRÅN BERGET

Jag står på berget och ser över fjärden.
Båtarna vilar på sommarens yta.
»Vi är sömngångare. Månar på drift.«
Så säger de vita seglen.

»Vi smyger genom ett sovande hus.
Vi skjuter sakta upp dörrarna.
Vi lutar oss mot friheten.«
Så säger de vita seglen.

En gång såg jag världens viljor segla.
De höll samma kurs – en enda flotta.
»Vi är skingrade nu. Ingens följe.«
Så säger de vita seglen.

FROM THE BLUFF

I stand on the bluff and look across the bay.
The boats rest on the surface of summer.
"We are sleepwalkers. Moons adrift."
So the white sails say.

"We sneak through a sleeping house.
We gently push open the doors.
We're leaning toward freedom."
So the white sails say.

I once saw the world's desires sailing.
They kept the same course—a single fleet.
"We're scattered now. No one's convoy."
So the white sails say.

ESPRESSO

Det svarta kaffet på uteserveringen
med stolar och bord granna som insekter.

Det är dyrbara uppfångade droppar
fyllda med samma styrka som Ja och Nej.

Det bärs fram ur dunkla kaféer
och ser in i solen utan att blinka.

I dagsljuset en punkt av välgörande svart
som snabbt flyter ut i en blek gäst.

Det liknar dropparna av svart djupsinne
som ibland fångas upp av själen,

som ger en välgörande stöt: Gå!
Inspiration att öppna ögonen.

ESPRESSO

The black coffee served at sidewalk cafes
at chairs and tables as gaudy as insects.

Its expensive drip of captured droplets
filled with the same strength as Yes and No.

Carried outside from the gloomy spaces,
it stares into the sun without blinking.

In broad daylight, a spot of benevolent black
that flows quickly into a pale patron.

It's like the black droplets of deep insight
sometimes intercepted by the soul,

which give a benevolent jolt: Go!
The inspiration to open your eyes.

PALATSET

Vi steg in. En enda väldig sal,
tyst och tom, där golvets yta låg
som en övergiven skridskois.
Alla dörrar stängda. Luften grå.

Målningar på väggarna. Man såg
bilder livlöst myllra: sköldar, våg-
skålar, fiskar, kämpande gestalter
i en dövstum värld på andra sidan.

En skulptur var utställd i det tomma:
ensam mitt i salen stod en häst,
men vi märkte honom inte först
när vi fångades av allt det tomma.

Svagare än suset i en snäcka
hördes ljud och röster ifrån staden
kretsande i detta öde rum,
sorlande och sökande en makt.

Också något annat. Något mörkt
ställde sig vid våra sinnens fem
trösklar utan att gå över dem.
Sanden rann i alla tysta glas.

Det var dags att röra sig. Vi gick
bort mot hästen. Den var jättelik,
svart som järn. En bild av makten själv
som blev kvar när furstarna gått bort.

Hästen talade: »Jag är den Ende.
Tomheten som red mig har jag kastat.

THE PALACE

We stepped inside. Just one massive hall,
quiet and empty, where the bare floor lay
like an abandoned skating rink.
All doors closed. The air gray.

Paintings on the walls. We saw images
lifelessly milling around: shields,
scale pans, fishes, figures struggling
in a deaf-mute world on the other side.

A sculpture was on display in the emptiness:
alone in the center stood a horse,
but at first we didn't notice him,
we were so caught up in the emptiness.

Softer than the sea whispering in a shell
sounds and voices from the town could be heard
circling around this deserted room,
murmuring and searching for a power.

Also, something else. Something dark
planted itself at the thresholds
of our five senses without crossing them.
Sand flowed through all the silent glass.

It was time to get moving. We walked
toward the horse. It was enormous,
black as iron. An image of power itself
left behind when the royals passed on.

The horse spoke: "I am The Only One.
I have thrown the emptiness that rode me.

Detta är mitt stall. Jag växer sakta.
Och jag äter tystnaden härinne.«

This is my stall. I'm growing slowly.
And I feed on the silence in here."

SYROS

I Syros' hamn låg överblivna handelsfartyg i väntan.
Stäv vid stäv vid stäv. Förtöjda sedan flera år:
CAPE RION, Monrovia.
KRITOS, Andros.
SCOTIA, Panama.

Mörka tavlor på vattnet, man har hängt undan dem.

Som leksaker från vår barndom som vuxit till jättar
och anklagar oss
för det vi aldrig blev.

XELATROS, Pireus.
CASSIOPEJA, Monrovia.
Havet har läst färdigt dem.

Men när vi första gången kom till Syros, det var om natten,
vi såg stäv vid stäv vid stäv i månskenet och tänkte:
vilken mäktig flotta, lysande förbindelser!

SYROS

In the port of Syros, the last of the merchant ships lay waiting.
Prow beside prow beside prow. Moored for several years now:
CAPE RION, Monrovia.
KRITOS, Andros.
SCOTIA, Panama.

Dark paintings on the water, they've been hung aside.

Like playthings from our childhood that have grown to giants
and implicate us
for what we've never become.

XELATROS, Piraeus.
CASSIOPEIA, Monrovia.
The sea has finished reading them.

But when we first arrived in Syros, it was at night,
we saw prow beside prow beside prow in the moonlight and thought:
what a powerful fleet, brilliant connections!

I NILDELTAT

Unga frun grät rätt ner i sin mat
på hotellet efter en dag i staden
där hon såg de sjuka som kröp och låg
och barn som måste dö för nöds skull.

Hon och mannen gick upp på sitt rum
där man stänkt vatten för att binda all smuts.
De gick i var sin säng utan många ord.
Hon föll i en tung sömn. Han låg vaken.

Ute i mörkret rann ett stort larm förbi.
Sorl, tramp, rop, vagnar, sång.
Det gick i nöd. Det höll aldrig upp.
Och han somnade in krökt i ett nej.

Det kom en dröm. Han var på en sjöresa.
I det grå vattnet uppstod en rörelse
och en röst sa: »Det finns en som är god.
Det finns en som kan se allt utan att hata.«

IN THE NILE DELTA

The young wife cried right into her food
in the hotel after a day in the city
where she saw the sick, who crawled and lay there
and children destined to die from need.

She and her husband went up to their room
where water had been splashed to bind all the dirt.
Each went to their own bed with very few words.
She fell into a heavy sleep. He lay awake.

Out in the darkness a great commotion flowed past.
Murmuring, footsteps, shouts, wagons, song.
It went on in need. It never stopped.
And he slept curled up into a no.

Then came a dream. He was traveling at sea.
In the gray water a movement arose
and a voice said: "There is one who is good.
There is one who can see everything without hate."

EN SIMMANDE MÖRK GESTALT

Om en förhistorisk målning
på en klippa i Sahara:
en simmande mörk gestalt
i en gammal flod som är ung.

Utan vapen och strategi,
varken i vila eller språng
och skild från sin egen skugga:
den glider på strömmens botten.

Han slogs för att göra sig fri
ur en slumrande grön bild,
för att äntligen nå till stranden
och bli ett med sin egen skugga.

A SWIMMING DARK FIGURE

About a prehistoric painting
on a cliff in the Sahara:
a swimming dark figure
in an old river that is young.

Without a weapon or strategy,
neither at rest nor on the run
and detached from its own shadow:
it glides along the riverbed.

He fought to get himself free
from a slumbering green image,
to finally arrive on the shore
and be one with his own shadow.

LAMENTO

Han lade ifrån sig pennan.
Den vilar stilla på bordet.
Den vilar stilla i tomrummet.
Han lade ifrån sig pennan.

För mycket som varken kan skrivas eller förtigas!
Han är lamslagen av något som händer långt borta
fast den underbara kappsäcken dunkar som ett hjärta.

Utanför är försommaren.
Från grönskan kommer visslingar – människor eller fåglar?
Och körsbärsträd i blom klappar om lastbilarna som kommit hem.

Det går veckor.
Det blir långsamt natt.
Malarna sätter sig på rutan:
små bleka telegram från världen.

LAMENT

He laid down his pen.
It rests quietly on the table.
It rests quietly in the void.
He laid down his pen.

Too much that can neither be written nor kept inside!
He's paralyzed by something happening far away
although his marvelous travel bag pulses like a heart.

Outside, it's early summer.
From the greenness comes whistling—people or birds?
And blossoming cherry trees embrace the trucks that have returned home.

Weeks go by.
Night arrives slowly.
Moths settle on the windowpane:
small pale telegrams from the world.

ALLEGRO

Jag spelar Haydn efter en svart dag
och känner en enkel värme i händerna.

Tangenterna vill. Milda hammare slår.
Klangen är grön, livlig och stilla.

Klangen säger att friheten finns
och att någon inte ger kejsaren skatt.

Jag kör ner händerna i mina haydnfickor
och härmar en som ser lugnt på världen.

Jag hissar haydnflaggan – det betyder:
»Vi ger oss inte. Men vill fred.«

Musiken är ett glashus på sluttningen
där stenarna flyger, stenarna rullar.

Och stenarna rullar tvärs igenom
men varje ruta förblir hel.

ALLEGRO

I play Haydn after a black day
and feel a simple warmth in my hands.

The keys are willing. Gentle hammers strike.
The tone is green, lively and calm.

The tone says that freedom exists
and someone isn't paying the emperor tax.

I shove my hands down into my haydnpockets
and act like someone who looks calmly at the world.

I hoist the haydnflag—it signifies:
"We won't give in. But want peace."

The music is a glass house on a slope
where stones are flying, stones are rolling.

And the stones roll straight through
but every pane remains whole.

DEN HALVFÄRDIGA HIMLEN

Modlösheten avbryter sitt lopp.
Ångesten avbryter sitt lopp.
Gamen avbryter sin flykt.

Det ivriga ljuset rinner fram,
även spökena tar sig en klunk.

Och våra målningar kommer i dagen,
våra istidsateljéers röda djur.

Allting börjar se sig omkring.
Vi går i solen hundratals.

Var människa en halvöppen dörr
som leder till ett rum för alla.

Den oändliga marken under oss.

Vattnet lyser mellan träden.

Insjön är ett fönster mot jorden.

THE HALF-FINISHED HEAVEN

Dejection breaks off its course.
Anxiety breaks off its course.
The vulture breaks off its flight.

The fervent light pours out,
even the ghosts take a drink.

And our paintings are revealed,
our Ice Age studio's red beasts.

Everything begins to look around.
We walk in the sun by the hundreds.

Each person is a half-open door
leading to a room for everyone.

The endless ground under us.

Water shines between the trees.

The lake is a window into the earth.

NOCTURNE

Jag kör genom en by om natten, husen stiger fram
i strålkastarskenet – de är vakna, de vill dricka.
Hus, lador, skyltar, herrelösa fordon – det är nu
de ikläder sig Livet. – Människorna sover:

en del kan sova fridfullt, andra har spända anletsdrag
som om de låg i hård träning för evigheten.
De vågar inte släppa allt fast deras sömn är tung.
De vilar som fällda bommar när mysteriet drar förbi.

Utanför byn går vägen länge mellan skogens träd.
Och träden träden tigande i endräkt med varann.
De har en teatralisk färg som finns i eldsken.
Vad deras löv är tydliga! De följer mig ända hem.

Jag ligger och ska somna, jag ser okända bilder
och tecken klottrande sig själva bakom ögonlocken
på mörkrets vägg. I springan mellan vakenhet och dröm
försöker ett stort brev tränga sig in förgäves.

NOCTURNE

I drive through a village at night, the houses come forward
in the glaring headlights—they're awake, they want to drink.
Houses, barns, signs, abandoned vehicles—now is the time
they come to Life.—The humans are sleeping:

some can sleep peacefully, others have strained faces
as if training hard for eternity.
They don't dare let anything go, even when deeply asleep.
They rest like lowered crossing gates while the mystery flows past.

Beyond the village, the road runs a long way through the woods.
And the trees the trees in silent unity with each other.
They have a theatrical color that's found in firelight.
How emphatic each leaf! They follow me all the way home.

I'm lying down to sleep, I see unfamiliar images
and signs scribbling themselves behind my eyelids
on the wall of darkness. In the slot between awake and dream,
a large letter is trying in vain to force its way in.

EN VINTERNATT

Stormen sätter sin mun till huset
     och blåser för att få ton.
Jag sover oroligt, vänder mig, läser
     blundande stormens text.

Men barnets ögon är stora i mörkret
     och stormen den gnyr för barnet.
Båda tycker om lampor som svänger.
     Båda är halvvägs mot språket.

Stormen har barnsliga händer och vingar.
     Karavanen skenar mot Lappland.
Och huset känner sin stjärnbild av spikar
     som håller väggarna samman.

Natten är stilla över vårt golv
     (där alla förklingade steg
vilar som sjunkna löv i en damm)
     men därute är natten vild!

Över världen går en mer allvarlig storm.
     Den sätter sin mun till vår själ
och blåser för att få ton. Vi räds
     att stormen blåser oss tomma.

A WINTER NIGHT

The storm puts its mouth to the house
        and blows to get a tone.
I sleep restlessly, tossing and turning, reading
        the storm's text with my eyes closed.

But the child's eyes are huge in the dark
        and for the child the storm wails.
Both are fond of lamps that swing.
        Both are halfway toward speech.

The storm has childlike hands and wings.
        The caravan runs off to Lapland.
And the house feels its constellation of nails
        holding the walls together.

The night is calm over our floor
        (where all the dying footsteps
rest like sunken leaves in a pond)
        but out there the night is wild!

Over the world a graver storm is passing.
        It puts its mouth to our soul
and blows to get a tone. We're afraid
        the storm will blow us empty.

KLANGER OCH SPÅR / RINGING AND TRACKS

(1966)

PORTRÄTT MED KOMMENTAR

Här är ett porträtt av en man som jag kände.
Han sitter vid bordet med tidningen utslagen.
Ögonen slår sig ner bakom glasögonen.
Kostymen är tvättad med barrskogens skimmer.

Det är ett blekt och halvfärdigt ansikte. –
Men han ingav alltid förtroende. Därför
drog man sig för att gå honom nära
och kanske då stöta på en olycka.

Fadern hans tjänade pengar som dagg.
Men ingen gick ändå helt säker därhemma –
man hade en känsla av att främmande tankar
bröt sig in i villan om nätterna.

Tidningen den stora smutsiga fjärilen,
stolen och bordet och ansiktet vilar.
Livet har stannat i stora kristaller.
Men låt det bara stanna tills vidare!

                    ▪

Det som är jag i honom vilar.
Det finns. Han känner inte efter
och därför lever det och finns.

Vad är jag? Ibland för länge sen
kom jag några sekunder helt nära
vad JAG är, vad JAG är, vad JAG är.

Men just som jag fick syn på JAG
försvann JAG och ett hål uppstod
och genom det föll jag som Alice.

PORTRAIT WITH COMMENTARY

Here's a portrait of a man I knew.
Sitting at the table with the newspaper open.
His eyes settle down behind his glasses.
His suit is washed with the luster of pine woods.

His is a pale and half-finished face.—
But he's always inspired trust. Which is why
people were reluctant to go near him
lest they meet up with some misfortune.

His father made money like dew.
But no one felt completely safe at home—
having the feeling that foreign thoughts
were breaking into the house at night.

The newspaper, that big dirty butterfly,
the chair and table and face are at rest.
Life has come to a halt in large crystals.
But just let it halt for the time being!

.

What I am in him is at rest.
It exists. He isn't aware
and therefore, it lives and exists.

What am I? A long time ago,
sometimes for a few seconds, I came very close
to what *I* am, what *I* am, what *I* am.

But as soon as I caught sight of *I*
I vanished and a hole opened up
and into it I fell like Alice.

LISSABON

I stadsdelen Alfama sjöng de gula spårvagnarna i uppförsbranterna.
Där fanns två fängelser. Ett var för tjuvarna.
De vinkade genom gallerfönstren.
De skrek att de ville bli fotograferade!

»Men här« sa konduktören och fnittrade som en kluven människa
»här sitter politiker«. Jag såg fasaden, fasaden, fasaden
och högt uppe i ett fönster en man
som stod med en kikare för ögonen och såg ut över havet.

Tvättkläderna hängde i det blå. Murarna var heta.
Flugorna läste mikroskopiska brev.
Sex år senare frågade jag en dam från Lissabon:
»Är det riktigt, eller har jag drömt det?«

LISBON

In the Alfama district, the yellow trams sang from the steep hillsides.
There were two prisons. One was for the thieves.
They waved through the barred windows.
They called out to be photographed!

"But here." said the conductor, giggling like an ambivalent person,
"here's where the politicians sit." I saw the facade, facade, facade
and high up in a window a man
who stood with binoculars and looked out over the sea.

Laundry hung in the blue. The walls were hot.
The flies read microscopic letters.
Six years later, I asked a lady from Lisbon:
"Is it true, or did I dream it?"

UR EN AFRIKANSK DAGBOK

1963

På den kongolesiske hötorgsmålarens tavlor
rör sig gestalterna tunna som insekter, berövade sin människokraft.
Det är den svåra passagen mellan två sätt att leva.
Den som är framme har en lång väg att gå.

En ung man fann utlänningen som gått vilse bland hyddorna.
Han visste inte om han ville ha honom som vän eller som föremål för utpressning.
Tveksamheten gjorde honom upprörd. De skildes i förvirring.

Européerna håller sig annars kring bilen som vore den Mamma.
Cikadorna är starka som rakapparater. Bilen kör hem.
Snart kommer det sköna mörkret som tar hand om smutskläderna. Sov.
Den som är framme har en lång väg att gå.

Det kanske hjälper med ett flyttfågelssträck av handskakningar.
Det kanske hjälper att släppa ut sanningen ur böckerna.
Det är nödvändigt att gå vidare.

Studenten läser i natten, läser och läser för att bli fri
och efter examen förvandlas till ett trappsteg för näste man.
En svår passage.
Den som är framme har en lång väg att gå.

FROM AN AFRICAN DIARY

1963

In the street-art paintings at the Congolese market
figures thin as insects move, deprived of their human power.
It's the difficult passage between two ways of life.
The one who's arrived has a long way to go.

A young African found the foreigner who'd gotten lost among the huts.
He didn't know if he wanted him for a friend or an object of extortion.
His doubt made him upset. They parted in confusion.

Europeans tend to stick close to their car as if it were the Mama.
The cicadas are as loud as razors. The car drives home.
Soon the lovely darkness will come to take care of the dirty laundry. Sleep.
The one who's arrived has a long way to go.

Perhaps a migratory bird-flock of handshakes would help.
Perhaps freeing the truth from the books would help.
It's essential to go further.

The student studies at night, studies and studies so he can be free
and after receiving his degree, turns into a stairstep for the next man.
A difficult passage.
The one who's arrived has a long way to go.

KRÖN

Med en suck börjar hissarna stiga
i höghus ömtåliga som porslin.
Det blir en het dag ute på asfalten,
Trafikmärkena har sänkta ögonlock.

Landet en uppförsbacke mot himlen.
Krön efter krön, ingen riktig skugga.
Vi flyger fram på jakt efter Dig
genom sommaren i cinemascope.

Och på kvällen ligger jag som ett fartyg
med släckta lysen, på lagom avstånd
från verkligheten, medan besättningen
svärmar i parkerna där i land.

CREST

With a sigh, the elevator begins to climb
in a high-rise as delicate as porcelain.
It's going to be a hot day out on the asphalt.
The road signs all have droopy eyes.

The land is an uphill slope to the sky.
Crest after crest, no real shade.
We fly off ahead in search of You
through the summer in CinemaScope.

And in the evening, I lie like a ship
with its lights out, at just the right distance
from reality, while the crew
swarms in the parks there on shore.

HOMMAGES

Gick längs den antipoetiska muren.
Die Mauer. Inte se över.
Den vill omge vårt vuxna liv
i rutinstaden, rutinlandskapet.

Éluard rörde vid någon knapp
och muren öppnade sig
och trädgården visade sig.

Förr gick jag med mjölkhinken genom skogen.
Violetta stammar på alla sidor.
Ett gammalt skämt hängde därinne
lika vackert som ett votivskepp.

Sommaren läste ur Pickwickklubben.
Det goda livet, en lugn vagn
fullsatt med upprörda gentlemän.

Slut ögonen, byt hästar.

I nöden kommer barnsliga tankar.
Vi satt vid sjuksängen och bad
om en paus i terrorn, en bräsch
där pickwickarna kunde dra in.

Slut ögonen, byt hästar.

Det är lätt att älska fragment
som har varit på väg länge.
Inskriptioner på kyrkklockor
och ordspråk tvärs över helgon
och flertusenåriga frön.

Archilochos! – Inget svar.

HOMAGES

Walked along the antipoetic wall.
Die Mauer. Don't look over.
It wants to surround our adult lives
in the routine city, routine landscape.

Éluard pushed some button
and the wall opened up
and the garden was revealed.

I used to walk through the woods with a milk bucket.
Violet-blue tree trunks on every side.
An old joke drifted around in there
as beautiful as a votive ship.

Summer reading from *The Pickwick Papers.*
The good life, a tranquil carriage
crowded with upset gentlemen.

Close your eyes, change horses.

Distress brings out childish thoughts.
We sat beside the sickbed and prayed
for a pause in the terror, a gap
when the Pickwickians could come in.

Close your eyes, change horses.

It's easy to love fragments
that have been on the way for a long time.
Inscriptions on church bells
and proverbs above the saints
and several-thousand-year-old seeds.

Archilochus!—No reply.

Fåglarna strök över havets ragg.
Vi låste oss inne med Simenon
och kände lukten av människolivet
där följetongerna utmynnar.

Känn lukten av sanning.

Det öppna fönstret har stannat
framför trädtopparna här
och aftonhimlens avskedsbrev.

Shiki, Björling och Ungaretti
med livets kritor på dödens tavla.
Dikten som är fullkomligt möjlig.

Jag såg upp då grenarna svängde.
Vita måsar åt svarta körsbär.

Birds swept over the ocean's hackles.
We locked ourselves inside with Simenon
and took a whiff of human life
where his series of stories end.

Whiff the scent of truth.

The open window has stopped
in front of these treetops
and the evening sky's farewell letter.

Shiki, Björling and Ungaretti
with life's chalk on death's blackboard.
The poem that's utterly possible.

I looked up as the branches swayed.
White gulls were eating black cherries.

VINTERNS FORMLER

I

Jag somnade i min säng
och vaknade under kölen.

På morgonen klockan fyra
då tillvarons renskrapade ben
umgås med varann kallt.

Jag somnade bland svalorna
och vaknade bland örnarna.

II

I lyktskenet är vägens is
glänsande som ister.

Det är inte Afrika.
Det är inte Europa.
Det är ingenstans annat än »här«.

Och det som var »jag«
är bara ett ord
i decembermörkrets mun.

III

Anstaltens paviljonger
utställda i mörkret
lyser som TV-skärmar.

En dold stämgaffel
i den stora kölden
utsänder sin ton.

WINTER'S FORMULAS

I

I fell asleep in my bed
and woke up under the keel.

At four o'clock in the morning
when life's scraped-clean bones
mingle together coldly.

I fell asleep among the swallows
and woke up among eagles.

II

In the lamplight the road's ice
glistens like grease.

This is not Africa.
This is not Europe.
This is nowhere other than "here."

And that which was "I"
is only a word
in December's dark mouth.

III

The institute's pavilions
on display in the darkness
glow like TV screens.

A hidden tuning fork
in the immense cold
shivers out its tone.

Jag står under stjärnhimlen
och känner världen krypa
in och ut i min rock
som i en myrstack.

IV

Tre svarta ekar ur snön.
Så grova, men fingerfärdiga.
Ur deras väldiga flaskor
ska grönskan skumma i vår.

V

Bussen kryper genom vinterkvällen.
Den lyser som ett skepp i granskogen
där vägen är en trång djup död kanal.

Få passagerare: några gamla och några mycket unga.
Om den stannade och släckte lyktorna
skulle världen utplånas.

I stand under the starry sky
and feel the world crawl
in and out of my coat
as if in an anthill.

IV

Three black oaks rise from the snow.
So coarse, but nimble fingered.
Out of their enormous flasks
the greenery will foam this spring.

V

The bus crawls through the winter evening.
It shines like a ship in the spruce woods
where the road is a narrow deep dead canal.

Few passengers: some old and some very young.
If the bus stopped and switched off its lights
the world would be obliterated.

MORGONFÅGLAR

Jag väcker bilen
som har vindrutan överdragen med frömjöl.
Jag sätter på mig solglasögonen.
Fågelsången mörknar.

Medan en annan man köper en tidning
på järnvägsstationen
i närheten av en stor godsvagn
som är alldeles röd av rost
och står flimrande i solen.

Inga tomrum någonstans här.

Tvärs igenom vårvärmen en kall korridor
där någon kommer skyndande
och berättar att man förtalat honom
ända upp i styrelsen.

Genom en bakdörr i landskapet
kommer skatan
svart och vit, Hels fågel.
Och koltrasten som rör sig kors och tvärs
tills allt blir en kolteckning,
utom de vita kläderna på tvättstrecket:
en palestrinakör.

Inga tomrum någonstans här.

Fantastisk att känna hur min dikt växer
medan jag själv krymper.
Den växer, den tar min plats.
Den tränger undan mig.

MORNING BIRDS

I wake up the car
whose windshield is dusted with pollen.
I put my sunglasses on.
And the birdsong darkens.

While another man buys a newspaper
at the train station
near a large freight car
that's entirely red with rust
and stands flickering in the sun.

No empty space anywhere here.

Straight through the spring warmth, a cold corridor
where someone comes rushing
and reports that he has been slandered
all the way up to The Board.

Through a back door in the landscape
the magpie arrives
black and white, Hel's bird.
And the blackbird moves in a crisscross
until it's all a charcoal drawing,
except for the white clothing hung out to dry:
a Palestrina choir.

No empty space anywhere here.

Fantastic to feel how my poem grows
while I myself shrink.
It's growing, it's taking my place.
It shoves me aside.

Den kastar mig ur boet.
Dikten är färdig.

It throws me out of the nest.
The poem is ready.

OM HISTORIEN

I

En dag i mars går jag ner till sjön och lyssnar.
Isen är lika blå som himlen. Den bryter upp under solen.
Solen som också viskar i en mikrofon under istäcket.
Det kluckar och jäser. Och någon tycks ruska ett lakan långt ute.
Alltihop liknar Historien: vårt NU. Vi är nedsänkta, vi lyssnar.

II

Konferenser som flygande öar så nära att störta . . .
Sedan: en lång darrande bro av kompromisser.
Där ska hela trafiken gå, under stjärnorna,
under de oföddas bleka ansikten,
utkastade i tomrummet, anonyma som risgryn.

III

Goethe reste i Afrika 1926 förklädd till Gide och såg allt.
Någon ansikten blir tydligare av allt de får se efter döden.
När dagsnyheterna från Algeriet lästes upp
framträdde ett stort hus där alla fönster var mörklagda,
alla utom ett. Och där såg man Dreyfus' ansikte.

IV

Radikal och Reaktionär lever tillsammans som i ett olyckligt äktenskap,
formade av varann, beroende av varann.
Men vi som är deras barn måste bryta oss loss.
Varje problem ropar på sitt eget språk.
Gå som en spårhund där sanningen trampade!

ABOUT HISTORY

I

One day in March, I walk down to the lake and listen.
The ice is as blue as the sky. It's breaking up under the sun.
The sun that also whispers into a microphone under the ice.
It gurgles and churns. And far out, someone seems to be shaking a sheet.
It's all quite similar to History: our NOW. We're immersed, we're listening.

II

Conferences like flying islands about to crash . . .
Then: a long trembling bridge of compromise.
That's where all the traffic should go, under the stars,
under the pale unborn faces,
cast into the emptiness, anonymous as grains of rice.

III

In 1926, Goethe traveled in Africa disguised as Gide and saw everything.
Some faces become clearer from all they see after death.
When the daily news from Algeria was read out,
a large house appeared with every window blackened,
except for one. And there, the face of Dreyfus could be seen.

IV

Radical and Reactionary live together as in an unhappy marriage,
shaped by each other, dependent on each other.
But we who are their children must break free.
Every problem calls out in its own language.
Go like a bloodhound where the truth has trudged!

V

Ute i terrängen inte långt från bebyggelsen
ligger sedan månader en kvarglömd tidning, full av händelser.
Den åldras genom nätter och dagar i regn och sol,
på väg att bli en planta, ett kålhuvud, på väg att förenas med marken.
Liksom ett minne långsamt förvandlas till dig själv.

V

Out on the ground not far from the houses
a forgotten newspaper has been lying there for months, full of events.
It's aging night and day, in the rain and sun,
on the way to becoming a plant, a cabbage head, on the way to uniting with the earth.
Like a memory slowly turning into yourself.

ENSAMHET

I

Här var jag nära att omkomma en kväll i februari.
Bilen gled sidledes på halkan, ut
på fel sida av vägen. De mötande bilarna –
deras lyktor – kom nära.

Mitt namn, mina flickor, mitt jobb
lösgjorde sig och blev kvar tyst bakom,
allt längre bort. Jag var anonym
som en pojke på en skolgård omgiven av fiender.

Mötande trafik hade väldiga ljus.
De lyste på mig medan jag styrde och styrde
i en genomskinlig skräck som flöt som äggvita.
Sekunderna växte – man fick rum där –
de blev stora som sjukhusbyggnader.

Man kunde nästan stanna upp
och andas ut en stund
innan man krossades.

Då uppstod ett fäste: ett hjälpande sandkorn
eller en underbar vindstöt. Bilen kom loss
och krälade snabbt tvärs över vägen.
En stolpe sköt upp och knäcktes – en skarp klang – den
flög bort i mörkret.

Tills det blev stilla. Jag satt kvar i selen
och såg hur någon kom genom snöyran
för att se vad det blev av mig.

SOLITUDE

I

Right here, I was nearly killed one February evening.
The car skidded sideways on the glare ice
to the wrong side of the road. The oncoming cars—
their headlights—getting closer.

My name, my girls, my job
were quietly let go and left behind,
farther and farther away. I was as anonymous
as a boy surrounded by enemies in a schoolyard.

The oncoming traffic had enormous lights.
They shone on me as I steered and steered
in a transparent fear that floated like egg whites.
The seconds expanded—there was room in there—
they were as large as hospitals.

You could almost pause for a bit
and breathe easily
before being crushed.

Then something grabbed hold: a helpful grain of sand
or wonderful gust of wind. The car pulled free
and quickly lurched across the road.
A post shot up and snapped—a sharp clang—then
flew off into the darkness.

Until all was still. I stayed buckled in
and watched as someone came through the snow squall
to see what had become of me.

II

Jag har gått omkring länge
på frusna östgötska fälten.
Ingen människa har varit i sikte.

I andra delar av världen
finns de som föds, lever, dör
i en ständig folkträngsel.

Att alltid vara synlig – leva
i en svärm av ögon –
måste ge ett särskilt ansiktsuttryck.
Ansikte överdraget med lera.

Mumlandet stiger och sjunker
medan de delar upp mellan sig
himlen, skuggorna, sandkornen.

Jag måste vara ensam
tio minuter på morgonen
och tio minuter på kvällen.
– Utan program.

Alla står i kö hos alla.

Flera.

En.

II

I've been walking around for a long time
in the frozen fields of Östergötland.
Not a single person in sight.

In other parts of the world
there are those who are born, live, and die
in a continuous crowd.

To always be visible—to live
in a swarm of eyes—
must lead to a certain facial expression.
A face coated with clay.

The murmuring rises and falls
while between them all, they divide up
the sky, the shadows, the sand grains.

I must be alone
ten minutes in the morning
and ten minutes at night.
—Without a program.

Everyone stands in line for everyone.

Many.

One.

I ARBETETS UTKANTER

Mitt under arbetet
börjar vi längta vilt efter vild grönska,
efter Ödemarken själv, bara genomträngd
av telefontrådarnas tunna civilisation.

.

Fritidens måne kretsar kring planeten Arbete
med dess massa och tyngd. – Det är så de vill ha det.
När vi är på hemväg spetsar marken öronen.
Underjorden lyssnar på oss via grässtråna.

.

Också den här arbetsdagen finns en privat stillhet.
Som i ett rökigt inland där en kanal går:
BÅTEN visar sig oväntat mitt i trafiken
eller glider fram bakom fabriken, en vit luffare.

.

En söndag går jag förbi ett omålat nybygge
som står framför en grå vattenyta.
Det är halvfärdigt. Träet har samma ljusa färg
som skinnet på en som badar.

.

Utanför lamporna är septembernatten alldeles svart.
När ögonen vänjer sig ljusnar det något
över marker där stora sniglar glider fram
och svamparna är talrika som stjärnorna.

AT THE WORK'S EDGES

In the midst of working
we begin to yearn wildly for wild greenness,
for the Wilderness itself, pierced only
by the thin civilization of telephone wires.

·

The moon of Leisure orbits the planet Work
with its mass and weight.—That's how they want it.
When we're on our way home, earth pricks up its ears.
The underground listens to us through the grass blades.

·

Even this very workday holds a private stillness.
Like a smoky inland where a canal runs through:
THE BOAT appears unexpectedly amid the traffic
or glides behind the factory, a white drifter.

·

One Sunday I walk past an unpainted new building
that stands before a gray body of water.
It's half-finished. The wood has the same pale color
as the skin of someone bathing.

·

Beyond the lamplight, the September night is totally black.
When your eyes adjust, it lightens a bit
over the ground where large snails glide past
and the mushrooms are as abundant as the stars.

EFTER NÅGONS DÖD

Det var en gång en chock
som lämnade efter sig en lång, blek, skimrande kometsvans.
Den hyser oss. Den gör TV-bilderna suddiga.
Den avsätter sig som kalla droppar på luftledningarna.

Man kan fortfarande hasa fram på skidor i vintersolen
mellan dungar där fjolårslöven hänger kvar.
De liknar blad rivna ur gamla telefonkataloger –
abonnenternas namn uppslukade av kölden.

Det är fortfarande skönt att känna sitt hjärta bulta.
Men ofta känns skuggan verkligare än kroppen.
Samurajen ser obetydlig ut
bredvid sin rustning av svarta drakfjäll.

AFTER SOMEONE'S DEATH

Once there was a shock
that left behind a long, pale, shimmering comet's tail.
It shelters us. It makes the TV images fuzzy.
It settles in cold droplets on the power lines.

You can still shuffle along on skis in the winter sun
through groves where last year's leaves hang on.
Like pages torn from old telephone books—
all of the names swallowed up by the cold.

It's still pleasant to feel the heart beating.
But the shadow often seems more real than the body.
The samurai looks insignificant
beside his armor of black dragon scales.

OKLAHOMA

I

Tåget stannat långt söderut. Det var snö i New York.
Här kunde man gå i skjortärmarna hela natten.
Men ingen var ute. Bara bilarna
flög förbi i sina ljussken, flygande tefat.

II

»Vi slagfält som är stolta
över våra många döda . . . «
sa en röst medan jag vaknade.

Mannen bakom disken sa:
»Jag försöker inte sälja det,
jag försöker inte sälja det,
jag vill bara att ni ska se det.«
Och han visade indianernas yxor.

Pojken sa:
»Jag vet att jag har en fördom,
jag vill inte ha den kvar sir.
Vad tycker ni om oss?«

III

Det här motellet är ett främmande skal. Med en hyrd bil
(en stor vit tjänare utanför dörren)
nästan utan minne och utan yrke
får jag äntligen sjunka mot min medelpunkt.

OKLAHOMA

I

The train stopped far to the south. There was snow in New York.
Here, you could walk around in short sleeves all night.
But no one was out. Only the cars
zooming past in flashes of light, flying saucers.

II

"We battlefields that are proud
of our many dead . . ."
said a voice as I woke up.

The man behind the counter said:
"I'm not trying to sell anything,
I'm not trying to sell anything,
I just want you to see something."
And he displayed the Indian axes.

The boy said:
"I know that I have a prejudice,
I don't want to hold onto it, sir.
What do you all think of us?"

III

This motel is a foreign shell. With a rental car
(a large white servant outside the door),
almost no memory, and without a profession,
I can finally sink toward my center.

SOMMARSLÄTT

Man har sett så mycket.
Verkligheten har tärt så mycket på en,
men här är sommaren till sist:

en storflygplats – trafikledaren tar ner
lass efter lass med frusna
människor från rymden.

Gräset och blommorna – här landar vi.
Gräset har en grön chef.
Jag anmäler mig.

SUMMER GRASSLAND

You have seen so much.
Reality has consumed so much of you,
but here is summer at last:

a large airport—the flight controller bringing down
load after load of frozen
people from space.

The grass and the flowers—here's where we land.
The grass has a green boss.
I'm reporting in.

SKYFALL ÖVER INLANDET

Regnet hamrar på bilarnas tak.
Åskan mullrar. Trafiken går saktare.
Lyktorna tänds mitt på sommardagen.

Röken slår ner i skorstenarna.
Allt levande kurar ihop sig, blundar.
En rörelse inåt, känn livet starkare.

Bilen är nästan blind. Han stannar,
tänder en privat eld och röker
medan vattnet skvalar längs rutorna.

Här på en skogsväg, slingrande avsides
nära en insjö med näckrosor
och ett långt berg som försvinner i regnet.

Däruppe ligger stenrösena
från järnåldern då det här var en plats
för stamstrider, ett kallare Kongo

och faran drev samman fä och människor
till en sorlande mitt bakom murarna,
bakom snår och stenar på bergskrönet.

En mörk sluttning, någon som rör sig
otympligt uppför med skölden på ryggen
tänker han på medan bilen står.

Det börjar ljusna, han vevar ner rutan.
En fågel flöjtpratar för sig själv
i ett allt tunnare tyst regn.

CLOUDBURST OVER THE INTERIOR

Rain hammers the car roofs.
Rumbles of thunder. Traffic slows to a crawl.
Headlights are lit in the midst of a summer day.

Smoke backdrafts down the chimneys.
All living things nestle together, eyes closed.
A movement inward, feeling life more strongly.

The car is nearly blind. He stops,
lights a private fire and smokes
while water streams along the windows.

Here on a remote forest road, winding
close to an inland lake with water lilies
and a tall mountain that vanishes in the rain.

Up there lie cairns of stones
from the Iron Age, when this was a site
of tribal fights, a colder Congo,

and danger drove beast and human together
into a buzzing center behind the walls,
behind bushes and rocks on the mountaintop.

A dark hillside, someone who's moving
awkwardly up with a shield on their back
is what he imagines as he sits in the car.

It starts to lighten, he rolls down the window.
A bird flute-chatters to itself
in a quiet, diminishing rain.

Sjöns yta är spänd. Åskhimlen viskar
ner genom näckrosorna till dyn.
Skogens fönster öppnar sig långsamt.

Men åskan slår direkt ur stillheten!
En dövande skräll. Och sedan tomrum
där de sista dropparna dalar.

I tystnaden hör han ett svar komma.
Bortifrån. En sorts grov barnröst.
Det stiger ett råmande från berget.

Ett gny av sammanväxta toner.
En lång hes trumpet ur järnåldern.
Kanske från inne i honom själv.

The lake's surface is taut. Sky-thunder whispers
down through the water lilies to the mud.
The forest windows slowly open.

But thunder strikes straight out of the stillness!
A deafening crack. And then emptiness
where the last droplets fall.

In the silence he hears an answer approach.
From far off. Sort of a coarse, child's voice.
It bellows up from the mountain.

A moan of interwoven notes.
A long hoarse trumpeting from the Iron Age.
Perhaps from within himself.

UNDER TRYCK

Den blå himlens motordån är starkt.
Vi är närvarande på en arbetsplats i darrning,
där havsdjupet plötsligt kan uppenbara sig –
snäckor och telefoner susar.

Det sköna hinner man bara se hastigt från sidan.
Den täta säden på åkern, många färger i en gul ström.
De oroliga skuggorna i mitt huvud dras dit.
De vill krypa in i säden och förvandlas till guld.

Mörkret faller. Vid midnatt går jag till sängs.
Den mindre båten sätts ut från den större båten.
Man är ensam på vattnet.
Samhällets mörka skrov driver allt längre bort.

UNDER PRESSURE

The blue sky's engine-drone is loud.
We're at the scene of a trembling worksite,
where ocean depths can suddenly be revealed—
shells and telephones whispering.

Beauty can only be seen quickly, from the side.
The dense grain in the field, many colors in a yellow tide.
The restless shadows in my head are drawn there.
They want to crawl inside the grain and turn to gold.

Darkness falls. At midnight I go to sleep.
The smaller boat sets out from the larger boat.
You're alone on the water.
Society's dark hull drifts farther and farther away.

ÖPPNA OCH SLUTNA RUM

En man känner på världen med yrket som en handske.
Han vilar en stund mitt på dagen och har lagt ifrån sig handskarna på hyllan.
Där växer de plötsligt, breder ut sig
och mörklägger hela huset inifrån.

Det mörklagda huset är mitt ute bland vårvindarna.
»Amnesti« går viskningen i gräset: »amnesti«.
En pojke springer med en osynlig lina som går snett upp i himlen
där hans vilda dröm om framtiden flyger som en drake större än förstaden.

Längre norrut ser man från en höjd den blå oändliga barrskogsmattan
där molnskuggorna
står stilla.
Nej, flyger fram.

OPEN AND CLOSED SPACES

A man feels the world with his work like a glove.
He rests for a while at midday and has laid his gloves on the shelf.
Where they suddenly grow, spreading out
and darkening the whole house from within.

The darkened house is in the midst of the spring winds.
"Amnesty," goes whispering through the grass: "amnesty."
A boy runs with an invisible line angling up into the sky
where his wild dreams about the future fly like a kite bigger than the suburbs.

From a peak farther north, you can see the infinite blue carpet of the pine forest
where the cloud shadows
are standing still.
No, flying along.

EN KONSTNÄR I NORR

Jag Edvard Grieg rörde mig som en fri man bland människor.
Jag skämtade flitigt, läste aviserna, reste och for.
Jag ledde orkestern.
Auditoriet med sina lampor darrade av triumf som tågfärjan just när den lägger till.

Jag har dragit mig upp hit för att stångas med tystnaden.
Min arbetsstuga är liten.
Flygeln har det lika skavande trångt därinne som svalan under tegelpannan.

De vackra branta sluttningarna tiger för det mesta.
Det finns ingen passage
men det finns en lucka som öppnas ibland
och ett märkvärdigt sipprande ljus direkt från trollen.

Reducera!

Och hammarslagen i berget kom
kom
kom
kom in en vårnatt i vårt rum
förklädda till hjärtats slag.

Året innan jag dör ska jag sända ut fyra psalmer för att spåra upp Gud.
Men det börjar här.
En sång om det som är nära.

Det som är nära.

Slagfält inom oss
där vi Dödas Ben
slåss för att bli levande.

AN ARTIST IN THE NORTH

I, Edvard Grieg, moved as a free man among people.
I told a lot of jokes, read the newspapers, traveled, and drove.
I led the orchestra.
The auditorium and its lamps shuddered in triumph like the train ferry when
       it docks.

I dragged myself up here to butt heads with the silence.
My studio is small.
The grand piano is as cramped as the swallow chafing under the roof tiles.

The beautiful steep hillsides keep quiet most of the time.
There is no passageway
but there's a hatch that sometimes opens
and a strangely trickling light direct from the trolls.

Pare back!

And the hammer blows in the mountain had come
come
come
come on a spring night to our room
disguised as the heart's pounding.

The year before I die, I'll send out four psalms to track down God.
But it begins here.
A song about that which is near.

That which is near.

A battlefield within us
where we Bones of the Dead
fight to come alive.

I DET FRIA

1

Senhöstlabyrint.
Vid skogens ingång en bortkastad tomflaska.
Gå in. Skogen är tysta övergivna lokaler så här års.
Bara några få slags ljud: som om någon flyttade kvistar försiktigt med en pincett
eller ett gångjärn som gnyr svagt inne i en tjock stam.
Frosten har andats på svamparna och de har skrumpnat.
De liknar föremål och plagg som hittas efter försvunna.
Nu kommer skymningen. Det gäller att hinna ut
och återse sina riktmärken: det rostiga redskapet ute på åkern
och huset på andra sidan sjön, en rödbrun fyrkant stark som en buljongtärning.

2

Ett brev från Amerika satte igång mig, drev ut mig
en ljus natt i juni på tomma gator i förstaden
bland nyfödda kvarter utan minne, svala som ritningar.
Brevet i fickan. Osaliga rasande vandring, den är ett slags förbön.
Hos er har det onda och goda verkligen ansikten.
Det som hos oss mest är en kamp mellan rötter, siffror, dagrar.

De som går dödens ärenden skyr inte dagsljuset.
De styr från glasvåningar. De myllrar i solgasset.
De lutar sig fram över disken och vrider på huvudet.

Långt borta råkar jag stanna framför en av de nya fasaderna.
Många fönster som flyter ihop till ett enda fönster.
Natthimlens ljus fångas in där och trädkronornas vandring.
Det är en speglande sjö utan vågor, upprest i sommarnatten.

OUT IN THE OPEN

1

Late autumn's labyrinth.
At the entrance to the woods, a tossed-away bottle.
Go in. The woods are quiet, deserted rooms this time of year.
Just a few sounds: as if someone were gently moving twigs around with a pair
      of tweezers
or a hinge were faintly creaking inside a thick trunk.
Frost breathed on the mushrooms and they've shriveled up.
They look like objects and clothing found after someone's disappeared.
Now dusk approaches. It's all about getting out there
and finding your landmarks again: the rusted machinery out in the field
and the house across the lake, a reddish-brown block, dense as a bouillon cube.

2

A letter from America set me off, and drove me out
into a bright night in June on empty suburban streets
among newborn neighborhoods with no memories, chilly as blueprints.
The letter in my pocket. Miserable furious walking, it's a kind of appeal.
For them, evil and good actually have faces.
For us, it's mainly a struggle between roots, numbers, shades of light.

Those who run death's errands don't shun the light of day.
They govern from glass chambers. They swarm in the blinding sun.
They lean across the counter and turn their head.

Farther along, I happen to stop in front of one of the new facades.
Many windows all flowing together into a single window.
The evening light and wandering crowns of trees are captured there.
It's a mirrored lake with no waves, raised up into the summer night.

Våld känns overkligt
en kort stund.

3

Solen bränner. Flygplanet går på låg höjd
och kastar en skugga i form av ett stort kors som rusar fram på marken.
En människa sitter på fältet och rotar.
Skuggan kommer.
Under en bråkdels sekund är han mitt i korset.

Jag har sett korset som hänger i svala kyrkvalv.
Det liknar ibland en ögonblicksbild
av något i häftig rörelse.

Violence feels unreal
for a brief moment.

3

The sun blazes. The plane comes in low
and casts a shadow in the form of a large cross that rushes over the ground.
A man's sitting in the field, rooting around.
The shadow arrives.
For a split second he's in the center of the cross.

I've seen the cross hanging in the cool naves of churches.
Sometimes it looks like a quick snapshot
of something in violent motion.

LÅNGSAM MUSIK

Byggnaden är stängd. Solen tränger in genom fönsterrutorna
och värmer upp ovansidan på skrivborden
som är starka nog att bära människoödens tyngd.

Vi är ute i dag, på den långa vida sluttningen.
Många har mörka kläder. Man kan stå i solen och blunda
och känna hur man långsamt blåser framåt.

Jag kommer för sällan fram till vattnet. Men nu är jag här,
bland stora stenar med fridfulla ryggar.
Stenar som långsamt vandrat baklänges upp ur vågorna.

SLOW MUSIC

The building is closed. Sun beats in through the windowpanes
and warms the surfaces of desks
strong enough to bear the weight of human destiny.

We're outdoors today, on the long wide slope.
Many in dark clothing. You can stand in the sun with your eyes closed
and feel yourself being blown slowly forward.

I come to the water so rarely. But I'm here now,
among large stones with peaceful backs.
Stones that slowly wandered backward out of the waves.

MÖRKERSEENDE / SEEING IN THE DARK

(1970)

NAMNET

Jag blir sömnig under bilfärden och kör in under träden vid sidan av vägen. Rullar ihop mig i baksätet och sover. Hur länge? Timmar. Mörkret hann falla.

Plötsligt är jag vaken och känner inte igen mig. Klarvaken, men det hjälper inte. Var är jag? VEM är jag? Jag är nånting som vaknar i ett baksäte, snor omkring i panik som en katt i en säck. Vem?

Äntligen kommer mitt liv tillbaka. Mitt namn kommer som en ängel. Utanför murarna blåser en trumpetsignal (som i Leonorauvertyren) och de räddande stegen kommer snabbt snabbt nerför den alltför långa trappan. Det är jag! Det är jag!

Men omöjligt att glömma de femton sekundernas kamp i glömskans helvete, några meter från stora vägen där trafiken glider förbi med påslagna ljus.

THE NAME

I grow drowsy during the drive and pull off under some trees by the side of the road. Curl up in the back seat and sleep. For how long? Hours. Darkness has fallen.

Suddenly I'm awake and don't recognize myself. Wide awake, but it doesn't help. Where am I? WHO am I? I'm something waking up in a back seat, twisting around in panic like a cat in a sack. Who?

Finally, my life comes back to me. My name appears like an angel. Beyond the walls, the clarion call of a trumpet (as in the *Leonore* Overture) and rescuing footsteps come quickly quickly down the far-too-long stairwell. It's me! It's me!

But impossible to forget those fifteen seconds struggling in the hell of oblivion, a few feet away from the main road where the traffic slips past with its lights on.

NÅGRA MINUTER

Den låga tallen på myren håller upp sin krona: en mörk trasa.
Men det man ser är ingenting
mot rötterna, det utspärrade, dolt krypande, odödliga eller halvdödliga
rotsystemet.

Jag du hon han förgrenar sig också.
Utanför det man vill.
Utanför Metropolis.

Ur den mjölkvita sommarhimlen faller ett regn.
Det känns som om mina fem sinnen var kopplade till en annan varelse
som rör sig lika halsstarrigt
som de ljusklädda löparna på ett stadion där mörkret strilar ner.

A FEW MINUTES

The stunted pine tree in the bog holds up its crown: a dark rag.
But what you see is nothing
compared to the roots: the splayed, secretly crawling, immortal or half-mortal
root system.

I you she he also branches out.
Beyond what you want.
Beyond the Metropolis.

Out of the milk-white summer sky, rain is falling.
It feels as if my five senses are connected to another being
that moves just as stubbornly
as the lightly dressed runners in the stadium where darkness showers down.

ANDRUM JULI

Den som ligger på rygg under de höga träden
är också däruppe. Han rännilar sig ut i tusentals kvistar,
gungar fram och tillbaka,
sitter i en katapultstol som går loss i ultrarapid.

Den som står nere vid bryggorna kisar mot vattnen.
Bryggorna åldras fortare än människor.
De har silvergrått virke och stenar i magen.
Det bländande ljuset slår ända in.

Den som färdas hela dagen i öppen båt
över de glittrande fjärdarna
ska somna till sist inne i en blå lampa
medan öarna kryper som stora nattfjärilar över glaset.

BREATHING SPACE, JULY

The one who's lying on his back under the tall trees
is also up there within them. He's flowing out into thousands of twigs,
swaying to and fro,
sitting in an ejector seat that lets go in slow motion.

The one who's standing down by the docks squints at the water.
The docks age faster than people.
They have silver-gray lumber and stones in their gut.
The glaring light pounds all the way in.

The one who's traveling all day in an open boat
over the glittering bays
will fall asleep at last inside a blue lamp
while the islands crawl like huge moths over the glass.

MED ÄLVEN

Vid samtal med samtida såg hörde jag bakom deras ansikten
strömmen
som rann och rann och drog med sig villiga och motvilliga.

Och varelsen med igenklistrade ögon
som vill gå mitt i forsen medströms
kastar sig rakt fram utan att skälva
i en rasande hunger efter enkelhet.

Allt stridare vatten drar

som där älven smalnar och går över
i forsen – platsen där jag rastade
efter en resa genom torra skogar

en junikväll: Transistorn ger det senaste
om extrasessionen: Kosygin, Eban.
Några få tankar borrar förtvivlat.
Några få människor borta i byn.

Och under hängbron störtar vattenmassorna

förbi. Här kommer timret. Några trän
styr som torpeder rakt fram. Andra vänder
på tvären, snurrar trögt och hjälplöst hän

och några nosar sig mot älvens stränder,
styr in bland sten och bråte, kilas fast
och tornar upp sig där som knäppta händer

orörliga i dånet . . .

WITH THE RIVER

While conversing with peers, I saw-heard behind their faces
the current
that flowed on and on and pulled with it the willing and the unwilling.

And the creature with clamped-shut eyes
who wants to enter the rapids midstream
plunges right in without trembling
in a frenzied hunger for simplicity.

More and more swiftly the water pulls

as where the river narrows and spills over
in the falls—that place I stopped to rest
after a trip through the arid woods

one June evening, my transistor airing the latest
on the special session: Kosygin, Eban.
A few thoughts drill despairingly in.
A few people down there in the village.

And under the suspension bridge, the waters

rush past. Here comes the timber. Some of the logs
hurtle like torpedoes straight ahead. Others turn
crosswise, churning sluggishly and helplessly away

and some nose into the riverbanks,
steering between stones and brush, wedging fast
and piling up there like folded hands

motionless in the uproar . . .

såg hörde jag från hängbron
i ett moln av mygg,
tillsammans med några pojkar. Deras cyklar
begravda i grönskan – bara hornen
stack upp.

I saw-heard from the bridge
in a cloud of gnats,
together with a few boys. Their bicycles
buried in the green underbrush—just the horns
sticking up.

UTKANTSOMRÅDE

Män i överdragskläder med samma färg som marken kommer upp ur ett dike.

Det är ett övergångsområde, dödläge, varken stad eller land.

Byggnadskranarna vid horisonten vill ta det stora språnget men klockorna vill inte.

Kringkastade cementrör lapar ljuset med torra tungor.

Bilplåtverkstäder inrymda i före detta lagårdar.

Stenarna kastar skuggorna skarpt som föremål på månytan.

Och de platserna bara växer.

Som det man köpte för Judas' pengar: »Krukmakaråkern till begravningsplats
   för främlingar.«

ON THE FRINGES

Men in overalls the same color as the ground come up from a ditch.
It's a transitional place, a stalemate, neither city nor country.
Construction cranes on the horizon want to take the big leap, but the clocks resist.
Concrete pipes, scattered about, lap at the light with dry tongues.
Auto-body repair shops occupy former cow barns.
Stones cast their shadows as sharply as objects on the moon.
And these places just keep growing.
Like what was bought with Judas's money: "The potter's field as a graveyard to
  bury strangers."

TRAFIK

Långtradaren med släpvagn kryper genom dimman
och är en stor skugga av trollsländans larv
som rör sig i grumlet på insjöns botten.

Strålkastare möts i en drypande skog.
Man kan inte se den andres ansikte.
Ljusfloden störtar genom barren.

Vi kommer skuggor fordon från alla håll
i skymningen, går samman efter varann
förbi varann, glider fram i ett nerskruvat larm

ute på slätten där industrierna ruvar
och byggnaderna sjunker två millimeter
om året – marken slukar dem sakta.

Oidentifierade tassar sätter sina avtryck
på den blankaste produkt som dröms fram här.
Frön försöker leva i asfalten.

Men först kastanjeträden, dystra som om
de förberedde en blomning av järnhandskar
i stället för vita kolvar, och bakom den

bolagets tjänsterum – ett lysrör i olag
blinkar blinkar. Det finns en lönndörr här. Öppna!
och se in i det omvända periskopet

neråt, mot mynningarna, mot de djupa rören
där algerna växer som de dödas skägg
och Städaren driver i sin dräkt av slem

TRAFFIC

The tractor-trailer crawls through the fog
and is the huge shadow of a dragonfly larva
stirring in the murk at the bottom of the lake.

Headlights cross paths in a dripping forest.
You can't see the other's face.
The flood of light rushes through the pines.

We come as shadows-vehicles from all directions
at dusk, merging together one after the other,
past each other, gliding along in a muted roar

out in the flatlands where industry broods
and the buildings sink two millimeters
each year—the ground slowly devouring them.

Unidentified paws leave their prints
on the glossiest product dreamt up here.
Seeds attempt to survive in the pavement.

But first, the gloomy chestnut trees: as if
they were preparing to bloom in iron gloves
instead of white flower spikes, and behind them

the corporate office—its broken fluorescent lamp
blinking blinking. There's a secret door here. Open up!
And look into the inverted periscope

downward, toward the outflow, to the deep pipes
where algae grow like the beards of dead men
and The Cleaner swims in its suit of slime

med allt mattare simtag, på väg att kvävas.
Och ingen vet hur det ska gå, bara att kedjan
bryts och fogas ihop igen ständigt.

with ever weakening strokes, about to suffocate.
And no one knows how it's supposed to go, just that the chain
endlessly breaks and joins together again.

NATTJOUR

I

I natt är jag nere hos barlasten.
Jag är en av de tigande tyngderna
som hindrar skutan att stjälpa!
Otydliga ansikten i mörkret som stenar.
De kan bara väsa: »rör mej inte.«

II

Andra röster tränger på, lyssnaren
glider som en smal skugga över radions
självlysande band av stationer.
Språket marscherar i takt med bödlarna.
Därför måste vi hämta ett nytt språk.

III

Vargen är här, alla timmarnas vän
och han rör vid fönstren med sin tunga.
Dalen är full av krälande yxskaft.
Nattflygarens dån rinner över himlen
trögt, som från en rullstol med hjul av järn.

IV

Man gräver upp staden. Men det är tyst nu.
Under almarna på kyrkogården:
en tom grävmaskin. Skopan mot marken –
gesten hos en som somnat över bordet
med knytnäven framför sig. – Klockringning.

NIGHT DUTY

I

Tonight, I'm down here with the ballast.
I'm one of the silent weights
that keep the boat from capsizing!
Indistinct faces in the darkness like stones.
They can only hiss: "Don't touch me."

II

Other voices crowd in, the listener
gliding like a thin shadow over the radio's
luminescent band of stations.
The language marches in step with the executioners.
Therefore, we need a new language.

III

The wolf is here, every hour's friend,
and he touches the windows with his tongue.
The valley's full of crawling axe handles.
The rumbling of night planes rolls across the sky
slowly, like a wheelchair with iron tires.

IV

They're digging up the town. But it's quiet now.
Under the elms in the cemetery:
an idle backhoe. Bucket on the ground—
gesture of someone asleep at the table,
head on their arm, fist thrust out.—Bell ringing.

DET ÖPPNA FÖNSTRET

Jag stod och rakade mig en morgon
framför det öppna fönstret
en trappa upp.
Knäppte igång rakapparaten.
Den började spinna.
Den surrade starkare och starkare.
Växte till ett dån.
Växte till en helikopter
och en röst – pilotens – trängde fram
genom dånet, skrek:
»Håll ögonen öppna!
Du ser det för sista gången.«
Vi lyfte.
Flög lågt över sommaren.
Så mycket jag tyckte om, har det nån tyngd?
Dussintals dialekter av grönt.
Och särskilt det röda i trähusväggarna.
Skalbaggarna blänkte i dyngan, i solen.
Källare som dragits upp med rötterna
kom genom luften.
Verksamhet.
Tryckpressarna krälade.
Just nu var människorna
de enda som var stilla.
De höll en tyst minut.
Och särskilt de döda på lantkyrkogården
var stilla
som när man satt för en bild i kamerans barndom.
Flyg lågt!
Jag visste inte vart jag
vände mitt huvud –

THE OPEN WINDOW

I stood shaving one morning
in front of the open window
on the second floor.
Switched on the razor.
It started to purr.
It whirred louder and louder.
Grew into a roar.
Grew into a helicopter
and a voice—the pilot's—pierced
through the noise, shouting:
"Keep your eyes open!
You're seeing this for the last time."
We lifted off.
Flew low over the summer.
So much that I loved, does it have any weight?
So many dialects of green.
And above all, the red walls of the wooden houses.
The beetles glistened in the dung, in the sun.
Cellars being pulled up by the roots
wafted through the air.
Activity.
The printing presses crawled along.
At that instant, the people
were the only ones who kept still.
They held a minute of silence.
And above all, the dead in the country graveyard
were still
like those who posed for a photo in the camera's youth.
Fly low!
I didn't know which way
to turn my head—

med delat synfält
som en häst.

with my visual field divided
like a horse.

PRELUDIER

I

Jag skyggar för något som kommer hasande på tvären i snögloppet.
Fragment ur det som ska komma.
En lösbruten vägg. Någonting utan ögon. Hårt.
Ett ansikte av tänder!
En ensam vägg. Eller finns huset där
fast jag inte ser det?
Framtiden: en armé av tomma hus
som letar sig framåt i snögloppet.

II

Två sanningar närmar sig varann. En kommer inifrån, en kommer utifrån,
och där de möts har man en chans att få se sig själv.

Den som märker vad som håller på att hända ropar förtvivlat: »Stanna!
vad som helst, bara jag slipper känna mig själv.«

Och det finns en båt som vill lägga till – försöker just här –
den kommer att försöka tusentals gånger.

Ur skogens mörker kommer en lång båtshake, skjuts in genom det öppna fönstret,
in bland partygästerna som dansat sig varma.

III

Våningen där jag bodde större delen av livet ska utrymmas. Den är nu tömd på
allt. Ankaret har släppt – trots att det fortfarande råder sorg är det den lättaste
våningen i hela stan. Sanningen behöver inga möbler. Jag har rest runt livet ett
varv och återkommit till utgångspunkten: ett urblåst rum. Saker jag varit med
om här visar sig på väggarna som egyptiska målningar, scener på insidan av en

PRELUDES

I

I shy away from something shuffling sideways in the sleet.
A fragment of what's to come.
A wall broken loose. Something without eyes. Fierce.
A face full of teeth!
A solitary wall. Or is the house there
even though I can't see it?
The future: an army of empty houses
searching for a way forward in the sleet.

II

Two truths approach each other. One comes from within, one from without,
and where they meet you have a chance to see yourself.

The person who notices what's happening desperately shouts: "Stop!
Whatever it takes, just spare me from knowing myself."

And there's a boat that wants to dock—trying to do so right here—
it will keep on trying, thousands of times.

Out of the wooded darkness a long boat hook appears, shoved in through the
        open window,
among the party guests who have danced themselves warm.

III

The apartment where I lived most of my life is about to be vacated. It's emptied
of everything now. The anchor has let go—but despite the lingering grief, it's the
lightest apartment in the whole city. Truth doesn't need any furniture. I've traveled
a full lap around my life and come back to the starting point: a gutted room.
Things I've experienced here appear on the walls like Egyptian paintings, scenes

gravkammare. Men de utplånas alltmer. Ljuset är nämligen för starkt. Fönstren har blivit större. Den tomma våningen är en stor kikare som riktas mot himlen. Det är tyst som en kväkarandakt. Det som hörs är bakgårdarnas duvor, deras kuttrande.

on the inside of a crypt. But they're steadily fading. For the light is too strong. The windows have gotten bigger. The empty apartment is a huge pair of binoculars pointed at the sky. It's as quiet as a Quaker meeting. All that can be heard is the backyard doves, their cooing.

UPPRÄTT

I ett ögonblick av koncentration lyckades jag fånga hönan, jag stod med den i händerna. Underligt, det kändes inte riktigt levande: stel, torr, en vit fjäderprydd gammal damhatt som skrek ut sanningar från 1912. Åskan hängde i luften. Från plankorna steg en doft som när man öppnar ett fotoalbum så ålderstiget att man inte längre kan identifiera porträtten.

Jag bar hönan till inhägnaden och släppte henne. Hon blev plötsligt mycket levande, kände igen sig och sprang enligt reglerna. Hönsgården är full av tabu. Men marken omkring är full av kärlek och av sisu. Till hälften övervuxen av grönskan en låg stenmur. När det skymmer börjar stenarna lysa svagt av den hundraåriga värmen från händerna som byggde.

Vintern har varit svår men det är sommar nu och marken vill ha oss upprätt. Fria men varsamma, som när man står upp i en smal båt. Det dyker upp ett minne från Afrika: vid stranden av Chari, många båtar, en mycket vänlig stämning, de nästan blåsvarta människorna med tre parallella ärr på vardera kinden (SARA-stammen). Jag är välkommen ombord – en kanot av mörkt trä. Den är förvånansvärt ranglig, också när jag sätter mig på huk. Ett balansnummer. Om hjärtat sitter på vänster sida måste man luta huvudet något åt höger, ingenting i fickorna, inga stora gester, all retorik måste lämnas kvar. Just det: retoriken är omöjligt här. Kanoten glider ut på vattnet.

UPRIGHT

In a burst of concentration, I succeeded in catching the hen and stood with it in my hands. Strangely, it didn't really feel alive: stiff, dry, an old white feather-riddled woman's hat that shrieked out truths from 1912. Thunder hung in the air. A scent rose up from the fence boards, as when you open a photo album so dated you no longer know who the people are.

I carried the hen to the enclosure and let her go. Instantly she came back to life, recognized herself, and ran according to the rules. A hen yard is full of taboos. But the land all around is full of love and grit. A low stone wall half overgrown with leaves. When darkness begins to fall, the stones shine softly with the hundred-year-old warmth of the hands that built it.

Winter's been hard, but it's summer now and the land wants us to hold ourselves upright. Free but careful, as when trying to stand in a small boat. Which brings back a memory from Africa: on the banks of the Chari, many boats, a very friendly mood, the nearly blue-black people with three parallel scars on each cheek (the Sara tribe). I'm welcomed aboard—a canoe of dark wood. It's surprisingly unsteady, even when I squat. A balancing act. If your heart sits on the left side, you have to tip your head slightly to the right, nothing in your pockets, no large gestures, all rhetoric must be left behind. It's true: rhetoric is impossible here. The canoe glides out on the water.

BOKSKÅPET

Det hämtades från den dödas våning. Det stod tomt några dagar, tomt, innan jag fyllde det med böcker, alla de inbundna, de tunga. I och med det hade jag släppt in underjorden. Något kom underifrån, steg långsamt och obönhörligt som en ofantlig kvicksilverpelare. Man fick inte vända bort huvudet.

De mörka volymerna, slutna ansikten. De liknar algerierna som stod vid zonövergången Friedrichstrasse och väntade på att Volkspolizei skulle granska passen. Mitt eget pass låg sen länge inne bland glasburarna. Och dimman som fanns i Berlin den där dagen, det finns också inne i bokskåpet. Det finns en gammal förtvivlan därinne, det smakar Passchendaele och Versaillesfreden, det smakar äldre än så. De svarta, tunga luntorna – jag återkommer till dem – de är i själva verket ett slags pass och de är så tjocka därför att man samlat på sig så många stämplar genom århundradena. Man kan tydligen inte resa med nog tungt bagage, nu när det bär av. När man äntligen . . .

Alla de gamla historikerna är där, de får stiga upp där och se in i vår familj. Ingenting hörs men läpparna rör sig hela tiden bakom glaset (»Passchendaele« . . .). Man kommer att tänka på ett åldrigt ämbetsverk (nu följer en ren spökhistoria), en byggnad där porträtt av länge sen döda män hänger bakom glas och en morgon var det imma på insidan av glaset. De hade börjat andas under natten.

Bokskåpet är ändå mäktigare. Blickarna tvärs över zongränsen! En skimrande hinna, den skimrande hinnan på en mörk älv som rummet måste spegla sig i. Och man får inte vända bort huvudet.

THE BOOKCASE

It was moved out of the apartment after her death. It stood empty for several days, empty, before I filled it with books, all hardcovers, the heavy ones. And with that, I'd let in the underworld. Something welled up from below, rising slowly and inexorably like an immense pillar of mercury. You couldn't turn your head away.

The dark volumes, closed faces. They're like the Algerians who waited at the Friedrichstrasse border crossing, while the Volkspolizei scrutinized their passports. My own passport lay in the glass cages for a long time. And the haze that was in Berlin that day is also inside the bookcase. There's an old despair in there, it smacks of Passchendaele and the Treaty of Versailles, even older than that. The black, heavy tomes—I come back to them—are, in fact, a kind of passport, and they're so fat because of all the stamps they've gathered through the ages. Apparently, your luggage can't be too heavy, once you're on your way. When you're finally . . .

All the old historians are there, who get to rise up and look in at our family. Nothing can be heard, but their lips are moving the whole time behind the glass ("Passchendaele . . ."). It makes you think of a dated government office (here comes a true ghost story), a building where portraits of long-since-dead men hang behind glass, and one morning there's mist inside the glass. They started to breathe during the night.

The bookcase is even more powerful than that. Gazing right across the border! A shimmering skin, the shimmering skin of a dark river the room must see itself in. And you cannot turn your head away.

STIGAR / PATHS

(1973)

TILL VÄNNER BAKOM EN GRÄNS

I

Jag skrev så kargt till er. Men det jag inte fick skriva
svällde och svällde som ett gammaldags luftskepp
och gled bort till sist genom natthimlen.

II

Nu är brevet hos censorn. Han tänder sin lampa.
I skenet flyger mina ord upp som apor på ett galler
ruskar till, blir still, och visar tänderna!

III

Läs mellan raderna. Vi ska träffas om 200 år
då mikrofonerna i hotellets väggar är glömda
och äntligen får sova, blir ortoceratiter.

TO FRIENDS BEHIND A BORDER

I

I wrote to you so guardedly. But what I couldn't write
swelled and swelled like an old-fashioned airship
and finally drifted away through the night sky.

II

My letter is now with the censor. He lights his lamp.
In the glare, my words fly up like monkeys in a cage,
shaking the bars, quieting down, baring their teeth!

III

Read between the lines. We'll meet in 200 years
when the microphones in the hotel walls are all forgotten
and can finally sleep, become orthoceratites.

FRÅN SNÖSMÄLTNINGEN –66

Störtande störtande vatten dån gammal hypnos.
Ån översvämmar bilkyrkogården, glittrar
bakom maskerna.
Jag griper hårt om broräcket.
Bron: en stor fågel av järn som seglar förbi döden.

FROM THE SNOWMELT OF '66

Rushing rushing waters rumbling old hypnosis.
The river's flooding the car graveyard, glittering
behind the masks.
I grab hold of the bridge railing.
The bridge: a large iron bird sailing past death.

SKISS I OKTOBER

Bogserbåten är fräknig av rost. Vad gör den här så långt inne i landet?
Den är en tung, slocknad lampa i kylan.
Men träden har vilda färger. Signaler till andra stranden!
Som om några ville bli hämtade.

På väg hem ser jag bläcksvamparna skjuta upp genom gräsmattan.
De är de hjälpsökande fingrarna på en
som snyftat länge för sig själv i mörkret där nere.
Vi är jordens.

SKETCH IN OCTOBER

The tugboat is freckled with rust. What's it doing here so far inland?
It's a heavy, burnt-out lamp in the cold.
But the trees have wild colors. Signals to the other shore!
As if someone needed to be picked up.

On the way home, I see inky cap mushrooms pushing up through the lawn.
They're the help-seeking fingers of someone
who has sobbed for a long time in the darkness down there.
We are the earth's.

LÄNGRE IN

På stora infarten till staden
då solen står lågt.
Trafiken tätnar, kryper.
Den är en trög drake som glittrar.
Jag är ett av drakens fjäll.
Plötsligt är den röda solen
mitt framför vindrutan
och strömmar in.
Jag är genomlyst
och en skrift blir synlig
inne i mig
ord med osynligt bläck
som framträder
då papperet hålls över elden!
Jag vet att jag måste långt bort
tvärs genom staden och sedan
vidare, tills det är dags att gå ur
och vandra länge i skogen.
Gå i grävlingens fotspår.
Det blir mörkt, svårt att se.
Där, på mossan, ligger stenar.
En av de stenarna är dyrbar.
Den kan förvandla allt
den kan få mörkret att lysa.
Den är en strömbrytare för hela landet.
Allting hänger på den.
Se den, röra vid den . . .

FURTHER IN

On the main approach to the city
as the sun sinks low.
Traffic backs up, crawls along.
It's a torpid dragon, glittering.
I am one of the dragon's scales.
All of a sudden the red sun
hits the middle of my windshield
and comes streaming in.
I am seen through
and some writing is visible
inside of me
words in invisible ink
that appear
when the paper is held over fire!
I know that I must go far away
straight through the city and then
farther, until it's time to get out
and wander a long time in the woods.
Walk in the tracks of the badger.
It's getting dark, hard to see.
There, on the moss, are some stones.
One of the stones is precious.
It can change everything.
It can make the darkness shine.
It's a light switch for the whole country.
Everything depends on it.
Look at it, touch it . . .

POSTERINGEN

Jag beordras ut i en hög med stenar
som ett förnämt lik från järnåldern.
De andra är kvar i tältet och sover
utsträckta som ekrar i ett hjul.

I tältet härskar kaminen: en stor orm
som svalt ett klot av eld och väser.
Men det är tyst här ute i vårnatten
bland kalla stenar som bidar ljuset.

Här ute i kölden börjar jag flyga
som en schaman, jag flyger till hennes kropp
med de vita fläckarna efter baddräkten –
vi var mitt i solen. Mossan var varm.

Jag stryker längs varma ögonblick
men får inte stanna där länge.
De visslar mig tillbaka genom rymden –
jag kryper fram bland stenarna. Här och nu.

Uppdrag: att vara där man är.
Också i den löjliga gravallvarliga
rollen – jag är just den plats
där skapelsen arbetar på sig själv.

Det dagas, de glesa trädstammarna
har färger nu, de frostbitna
vårblommorna går tyst skallgång
efter någon som försvann i mörkret.

Men att vara där man är. Och vänta.
Jag är ängslig, envis, förvirrad.

THE OUTPOST

I'm ordered out to a pile of rocks
like a distinguished corpse from the Iron Age.
The others are still asleep in the tent
stretched out like spokes in a wheel.

In the tent, the stove is in charge: a large snake
that swallows a ball of fire and hisses.
But it's quiet out here in the spring night
among cold rocks waiting for daylight.

Out here in the frigid air, I begin to fly
like a shaman, and I soar straight to her body
with its pale places from her bathing suit—
we were out in the sun. The moss was warm.

I snuggle up to such tender moments
but can't linger there for long.
I'm whistled back through space—
I crawl out from the rocks. Here and now.

Mission: to be where you are.
Even in this absurdly serious
role—I am the very place
where creation works on itself.

Dawn arrives, the sparse tree trunks
show their colors now, the frost-nipped
spring flowers form a silent search party
for someone who's disappeared in the dark.

But to be where you are. And to wait.
I'm anxious, obstinate, confused.

Kommande händelser, de finns redan!
Jag känner det. De finns utanför:

en sorlande folkmassa utanför spärren.
De kan bara passera en och en.
De vill in. Varför? De kommer
en och en. Jag är vändkorset.

Future events, they're already here!
I can sense it. They're right outside:

a murmuring crowd behind the barricade.
They can only pass one by one.
They want in. Why? They're coming
one by one. I am the turnstile.

LÄNGS RADIEN

I

Den isbelagda älven strålar av sol
här är världens tak
tystnaden.

Jag sitter på en uppdragen stjälpt båt
sväljer tystnadens drog
snurrar sakta.

II

Ett hjul breder ut sig oändligt, vrids.
Här är mitten, står
nästan stilla.

Längre ut märks rörelsen: stegen i snön
skriften som hasar längs
fasaderna.

Den mullrande trafiken på motorvägarna
och den tysta trafiken
av gengångare.

Längre ut: tragedimaskerna i motvinden
i fartens dån – längre ut:
rusningen

där de sista orden av kärlek dunstar –
vattendropparna som kryper
på stålvingarna –

ALONG THE RADIUS

I

The icebound river shimmers with sun.
Here the roof of the world is
silence.

I'm sitting on a hauled-up, overturned boat
swallowing the drug of silence
and slowly spinning.

II

A wheel expands endlessly out, turning.
Here is the center,
nearly still.

Farther out, there's motion: tracks in the snow,
writing that shuffles along
the facades.

The rumbling traffic on the highways
and the silent traffic
of ghosts.

Farther out: masks of tragedy against a headwind,
the roar of velocity—farther out:
the rush

where the last words of love evaporate—
water droplets creeping
along the steel wings—

profiler som ropar – de avhängda hörlurarna
skallrar mot varann –
kamikaze!

III

Den isbelagda älven glittrar och tiger.
Skuggorna ligger djupt här
utan röst.

Mina steg hit var explosioner i marken
som tystnaden övermålar
övermålar.

profiles shouting—the slipped-off headphones
chattering at each other—
kamikaze!

III

The icebound river glitters and keeps quiet.
The shadows here are deep
without a voice.

My steps here were explosions in the ground
that the silence is painting over,
painting over.

MARKGENOMSKÅDANDE

Den vita solen rinner ut i smogen.
Ljuset dryper, det letar sig ner

till mina nedersta ögon som vilar
djupt under staden och blickar uppåt

ser staden underifrån: gator, husgrunder –
liknat flygbilder av en stad i krig

fast tvärtom – ett mullvadsfoto:
tysta fyrkanter i dova färger.

Där fattas besluten. De dödas ben
går inte att skilja från de levandes.

Solljuset ökar i volym, strömmar in
i flygkabinerna och ärtskidorna.

SEEING THROUGH THE GROUND

The white sun melts into the smog.
The light drips, working its way down

to my subterranean eyes that lie
deep under the city and gaze upward,

seeing the place from below: streets, foundations—
like aerial views of a wartime city,

but the reverse—a mole's photograph:
silent rectangles in muted colors.

Where decisions are made. The bones of the dead
can't be told from those of the living.

The sunlight intensifies and spreads, flooding
into aircraft cabins and peapods.

DECEMBERKVÄLL –72

Här kommer jag den osynlige mannen, kanske anställd
av ett stort Minne för att leva just nu. Och jag kör förbi

den igenbommade vita kyrkan – därinne står ett helgon av trä
leende, hjälplös, som om man tagit ifrån honom glasögonen.

Han är ensam. Allt det andra är nu, nu, nu. Tyngdlagen som pressar oss
mot arbetet om dagen och mot sängen om natten. Kriget.

DECEMBER EVENING, '72

Here I come, the invisible man, perhaps enlisted
by a great Memory to live right now. And I'm driving past

the boarded-up white church—a wooden saint stands inside
smiling, helpless, as if they had taken away his eyeglasses.

He's alone. Everything else is now, now, now. The law of gravity that forces us
to work during the day and into bed at night. The War.

DEN SKINGRADE FÖRSAMLINGEN

I

Vi ställde upp och visade våra hem.
Besökaren tänkte: ni bor bra.
Slummen finns invärtes i eder.

II

Inne i kyrkan: valv och pelare
vita som gips, som gipsbandaget
kring trons brutna arm.

III

Inne i kyrkan är tiggarskålen
som lyfter sig själv från golvet
och går längs bänkraderna.

IV

Men kyrkoklockorna måste gå under jorden.
De hänger i kloaktrummorna.
De klämtar under våra steg.

V

Sömngångaren Nicodemus på väg
till Adressen. Vem har adressen?
Vet inte. Men det är dit vi går.

THE DISPERSED CONGREGATION

I

We got together and showed our homes.
The visitor thought: you live well.
The slum is within thee.

II

Inside the church: arches and columns
as white as plaster, like the cast
around the broken arm of faith.

III

Inside the church, the begging bowl
lifts itself up from the floor
and passes along the pews.

IV

But the church bells have to go underground.
They hang from the sewer pipes.
They ring beneath our feet.

V

Nicodemus the Sleepwalker is on his way
to The Address. Who's got the address?
Don't know. But that's where we're headed.

SENA MAJ

Äppelträd och körsbärsträd i blom hjälper orten att sväva
i den ljuva smutsiga majnatten, vit flytväst, tankarna går vida.
Gräs och ogräs med tysta envisa vingslag.
Brevlådan lyser lugnt, det skrivna kan inte tas tillbaka.

Mild kylig vind går genom skjortan och trevar efter hjärtat.
Äppelträd och körsbärsträd, de skrattar tyst åt Salomo
de blommar i min tunnel. Jag behöver dem
inte för att glömma utan för att minnas.

LATE MAY

Apple trees and cherry trees in bloom help this place to float
in the sweet dirty May night, white life vest, my thoughts widening out.
Grasses and weeds with quiet persistent wingbeats.
The mailbox shines calmly, what is written cannot be taken back.

A mild chilly wind blows through my shirt and gropes around for my heart.
Apple trees and cherry trees, they laugh quietly at Solomon,
they blossom in my tunnel. I need them
not to forget but to remember.

ELEGI

Jag öppnar den första dörren.
Det är ett stort solbelyst rum.
En tung bil går förbi på gatan
och får porslinet att darra.

Jag öppnar dörr nummer två.
Vänner! Ni drack mörkret
och blev synliga.

Dörr nummer tre. Ett trångt hotellrum.
Utsikt mot en bakgata.
En lykta som gnistrar på asfalten.
Erfarenheternas vackra slagg.

ELEGY

I open the first door.
It's a large sunlit room.
A heavy car passes on the road
and makes the porcelain quiver.

I open door number two.
Friends! You drank the darkness
and became visible.

Door number three. A cramped hotel room.
View of a back alley.
A lamp sparkles on the pavement.
The beautiful slag of experience.

ÖSTERSJÖAR / BALTICS

(1974)

ÖSTERSJÖAR

I

Det var före radiomasternas tid.

Morfar var nybliven lots. I almanackan skrev han upp de fartyg han lotsade –
namn, destinationer, djupgång.
Exempel från 1884:
Ångf Tiger   Capt Rowan   16 fot   Hull Gefle Furusund
Brigg Ocean   Capt Andersen   8 fot   Sandöfjord Hernösand Furusund
Ångf St Pettersburg   Capt Libenberg   11 fot   Stettin Libau Sandhamn

Han tog ut dem till Östersjön, genom den underbara labyrinten av öar och vatten.
Och de som möttes ombord och bärs av samma skrov några timmar eller dygn,
hur mycket lärde de känna varann?
Samtal på felstavad engelska, samförstånd och missförstånd men mycket lite av
        medveten lögn.
Hur mycket lärde de känna varann?

När det var tät tjocka: halv fart, knappt ledsyn. Ur det osynliga kom udden med ett
        enda kliv och var alldeles intill.
Brölande signal varannan minut. Ögonen läste rätt in i det osynliga.
(Hade han labyrinten i huvudet?)
Minuterna gick.
Grund och kobbar memorerade som psalmverser.
Och den där känslan av »just här är vi« som måste hållas kvar, som när man bär på
        ett bräddfullt kärl och ingenting får spillas.

En blick ner i maskinrummet.
Compoundmaskinen, långlivad som ett människohjärta, arbetade med stora mjukt
        studsande rörelser, akrobater av stål, dofterna steg som från ett kök.

BALTICS

I

It was before the age of radio towers.

Grandfather was a new pilot. In the almanac, he wrote down the ships he guided—
names, destinations, drafts.
Examples from 1884:
SS Tiger   Capt. Rowan   16 ft.   Hull Gefle Furusund
Brig Ocean   Capt. Andersen   8 ft.   Sandöfjord Hernösand Furusund
SS St. Petersburg   Capt. Libenberg   11 ft.   Stettin Libau Sandhamn

He took them out to the Baltic, through the wonderful labyrinth of islands and water.
And those who met on board, and were carried by the same hull for a few hours or days,
how well did they get to know each other?
Conversations in misspelled English, understanding and misunderstanding, but very
        little deliberate lying.
How well did they get to know each other?

When the fog was thick: half speed, nearly blind. Out of the invisible, the point appeared
        and in a single stride was right on them.
Horn bellowing every two minutes. His eyes read straight into the invisible.
(Did he have the labyrinth in his head?)
The minutes passed.
Shallows and rocks memorized like psalm verses.
And that feeling of "we're right here" that must be held, the way you carry a brimming
        pot so nothing gets spilled.

A glance down into the engine room.
The compound engine, long-lived like a human heart, worked with large smooth
        recoiling movements, steel acrobats, and the smells rose as if from a kitchen.

II

Vinden går i tallskogen. Det susar tungt och lätt,

Östersjön susar också mitt inne på ön, långt inne i skogen är man ute på öppna
sjön.

Den gamla kvinnan hatade suset i träden. Hennes ansikte stelnade i melankoli när
det blåste upp:

»Man måste tänka på dem som är ute i båtarna.«

Men hon hörde också något annat i suset, precis som jag, vi är släkt.

(Vi går tillsammans. Hon är död sen tretti år.)

Det susar ja och nej, missförstånd och samförstånd.

Det susar tre barn friska, ett på sanatorium och två döda.

Det stora draget som blåser liv i somliga lågor och blåser ut andra. Villkoren.

Det susar: Fräls mig Herre, vattnen tränger mig inpå livet.

Man går länge och lyssnar och når då en punkt där gränserna öppnas

eller snarare

där allting blir gräns. En öppen plats försänkt i mörker. Människorna strömmar ut
från de svagt upplysta byggnaderna runt om. Det sorlar.

Ett nytt vinddrag och platsen ligger åter öde och tyst.

Ett nytt vinddrag, det brusar om andra stränder.

Det handlar om kriget.

Det handlar om platser där medborgarna är under kontroll,

där tankarna byggs med reservutgångar,

där ett samtal bland vänner verkligen blir ett test på vad vänskap betyder.

Och när man är tillsammans med dem som man inte känner så väl. Kontroll. En
viss uppriktighet är på sin plats

bara man inte släpper med blicken det där som driver i samtalets utkant:
någonting mörkt, en mörk fläck.

Någonting som kan driva in

och förstöra allt. Släpp det inte med blicken!

Vad ska man likna det vid? En mina?

II

Wind moves through the pine forest. It sighs heavily and lightly.
Likewise the Baltic sighs in the island's interior, deep in the forest you're out on the
    open sea.
The old woman hated the sighing in the trees. Her face hardened in melancholy
    whenever the wind picked up:
"You must think of those who are out there in the boats."
But she heard something else in the sighing, as I do; we're related.
(We're walking together. She's been dead for thirty years.)
It sighs yes and no, misunderstanding and understanding.
It sighs three children healthy, one in the sanatorium and two dead.
The great breath that blows life into certain flames while blowing others out.
    The conditions.
It sighs: Save me, Lord, the waters are come in unto my soul.
You walk for a long time and listen, reaching a point where the borders open
or rather
where everything becomes border. An open place thrown into darkness. People
    flow out of the dimly lit buildings around it. There's murmuring.

A new breath of wind and the place is desolate and still again.
A new breath of wind, murmuring about other shores.
It has to do with the war.
It has to do with places where citizens are under control,
where thoughts are built with emergency exits,
where a conversation between friends is really a test of what friendship means.
And when you're together with those you don't know so well. Control. A certain
    candor is all right
just don't take your eyes off whatever's wandering the edges of the conversation:
    something dark, a dark stain.
Something that can drift in
and destroy everything. Don't take your eyes off it!
What can it be compared to? A mine?

Nej det vore för handfast. Och nästan för fredligt – för på var kust har de flesta
        berättelser om minor ett lyckligt slut, skräcken begränsad i tiden.
Som i den här historien från fyrskeppet: »Hösten 1915 sov man oroligt . . . « etc. En
        drivmina siktades
när den drev mot fyrskeppet sakta, den sänktes och hävdes, ibland skymd av
        sjöarna, ibland framskymtande som en spion i en folkmassa.
Besättningen låg i ångest och sköt på den med gevär. Förgäves. Till sist satte man
        ut en båt
och gjorde fast en lång lina vid minan och bogserade den varsamt och länge in till
        experterna.
Efteråt ställde man upp minans mörka skal i en sandig plantering som prydnad
tillsammans med skalen av Strombus gigas från Västindien.

Och havsblåsten går i de torra tallarna längre bort, den har bråttom över
        kyrkogårdens sand,
förbi stenarna som lutar, lotsarnas namn.
Det torra suset
av stora portar som öppnas och stora portar som stängs.

No, that would be too stable. And almost too peaceful—since on our coast most of
        the stories about mines have a happy ending, the terror time-limited.
Like in this account from the lightship: "The fall of 1915 we slept uneasily . . . ," etc.
        A drifting mine was sighted
as it floated slowly toward the lightship, falling and rising, at times concealed by
        the swells, at times glimpsed like a spy in a crowd.
The anguished crew shot at it with rifles. To no avail. In the end, someone launched
        a boat,
secured a longline to the mine and cautiously towed it all the way in to the experts.
Afterward, they set the mine's dark shell in a park's sandy garden as an ornament
together with shells of *Strombus gigas* from the West Indies.

And the sea-wind is in the dry pines farther away, hurrying over the cemetery's
        sand,
past the leaning stones, the pilots' names.
The dry sighing
of giant doors opening and giant doors closing.

III

I den gotländska kyrkans halvmörka hörn, i en dager av mild mögel
står en dopfunt av sandsten – 1100-tal – stenhuggarens namn
är kvar, framlysande
som en tandrad i en massgrav:
                    HEGWALDR
                            namnet kvar. Och hans bilder
här och på andra krukors väggar, människomyller, gestalter på väg ut ur stenen.
Ögonens kärnor av ondska och godhet spränger där.
Herodes vid bordet: den stekta tuppen flyger upp och gal »Christus natus est« –
        servitören avrättades –
intill föds barnet, under klungor av ansikten värdiga och hjälplösa som apungars.
Och de frommas flyende steg
ekande över drakfjälliga avloppstrummors gap.
(Bilderna starkare i minnet än när man ser dem direkt, starkast när funten snurrar i
        en långsam mullrande karusell i minnet.)
Ingenstans lä. Överallt risk.
Som det var. Som det är.
Bara därinnanför finns frid, i krukans vatten som ingen ser,
men på ytterväggarna rasar kampen.
Och friden kan komma droppvis, kanske om natten
när vi ingenting vet,
eller som när man ligger på dropp i en sal på sjukhuset.

Människor, bestar, ornament.
Det finns inget landskap. Ornament.

Mr B***, min reskamrat, älskvärd, i landsflykt,
frisläppt från Robben Island, säger:
»Jag avundas er. Jag känner inget för naturen.
Men *människor i landskap,* det säger mig något.«

III

In a half-dark corner of the Gotland church, in a softly mildewed light,
there's a sandstone baptismal font—12th century—the stone cutter's name
still there, shining forth
like a row of teeth in a mass grave:
HEGWALDR
his name remains. And his images
here and on the sides of other urns, crowds of people, figures on their way out of
the stone.
The eyes' seeds of evil and goodness burst open there.
Herod at the table: the roasted capon flying up and crowing "Christus natus est"—
the servant was put to death—
close by, the child is born under clusters of faces as dignified and helpless as
young apes'.
And the fleeing steps of the pious
echoing over the dragon-scaled mouths of sewers.
(The images stronger in memory than when you see them directly, strongest when
the font spins in the slow rumbling carousel of the mind.)
Nowhere the lee side. Everywhere risk.
As it was. As it is.
The only peace is inside there, in the vessel's water that no one sees,
but on the outer walls the battle rages.
And peace can come drop by drop, perhaps at night
when we don't know anything,
or like when you're lying in a hospital room on an IV drip.

People, beasts, ornaments.
There is no landscape. Ornaments.

Mr. B, my affable travel companion, in exile,
released from Robben Island, says:
"I envy you. I feel nothing for nature.
But *people in a landscape,* that speaks to me."

Här är människor i landskap.

Ett foto från 1865. Ångslupen ligger vid bryggan i sundet.

Fem figurer. En dam i ljus krinolin, som en bjällra, som en blomma.

Karlarna liknar statister i en allmogepjäs.

Alla är vackra, tveksamma, på väg att suddas ut.

De stiger iland en kort stund. De suddas ut.

Ångslupen av utdöd modell –

en hög skorsten, soltak, smalt skrov –

den är fullkomligt främmande, en UFO som landat.

Allt det andra på fotot är chockerande verkligt:

krusningarna på vattnet,

den andra stranden –

jag kan stryka med handen över de skrovliga berghällarna,

jag kan höra suset i granarna.

Det är nära. Det är

idag.

Vågorna är aktuella.

Nu, hundra år senare. Vågorna kommer in från no man's water

och slår mot stenarna.

Jag går längs stranden. Det är inte som det var att gå längs stranden.

Man måste gapa över för mycket, föra många samtal på en gång, man har tunna

      väggar.

Varje ting har fått en ny skugga bakom den vanliga skuggan

och man hör den släpa också när det är alldeles mörkt.

Det är natt.

Det strategiska planetariet vrider sig. Linserna stirrar i mörkret.

Natthimlen är full av siffror, och de matas in

i ett blinkande skåp,

en möbel

där det bor energin hos en gräshoppssvärm som kaläter tunnland av Somalias jord

      på en halvtimma.

Here are people in a landscape.
A photo from 1865. The steamer's at the pier in the sound.
Five figures. A lady in pale crinoline, like a small bell, like a flower.
The guys resemble extras in an old peasant play.
They're all beautiful, uncertain, on the verge of fading out.
They step ashore for a moment. They fade out.
The steamer's an obsolete model—
tall smokestack, canopy, narrow hull—
it's utterly strange, a UFO that's landed.
Everything else in the photo is shockingly real:
the ripples on the water,
the opposite shore—
I can run my hand across the rugged rock face,
I can hear the sighing in the spruce.
It's close. It's
today.
The waves are up-to-date.

Now, one hundred years later. The waves come in from no-man's-water
and pound against the stones.
I walk along the shore. It's not like it used to be to walk along the shore.
You have too much to take in, too many conversations at once, you have thin walls.
Each thing has acquired a new shadow behind the usual shadow
and you hear it dragging along even when it's totally dark out.

It's night.

The strategic planetarium rotates. The lenses stare into the darkness.
The night sky is full of numbers, and they're fed into
a twinkling cabinet,
a piece of furniture
housing the energy of a locust swarm stripping acres of Somalia's land bare in half
        an hour.

Jag vet inte om vi är i begynnelsen eller sista stadiet.

Sammanfattningen kan inte göras, sammanfattningen är omöjlig.

Sammanfattningen är alrunan –

(se uppslagsboken för vidskepelser:

ALRUNA

undergörande växt

som gav ifrån sig ett så ohyggligt skrik när den slets upp ur jorden
att man föll död ner. Hunden fick göra det . . .)

I don't know whether we're at the beginning or in the final stage.

A synopsis can't be given, a synopsis is impossible.

The synopsis is the mandrake—

(see the reference book of superstitions:

MANDRAKE

miraculous plant

that would give such a horrendous shriek when it was pulled out of the ground

the person would drop dead. A dog had to do it . . .)

IV

Från läsidan,
närbilder.

Blåstång. I det klara vattnet lyser tångskogarna, de är unga, man vill emigrera dit,
   lägga sig raklång på sin spegelbild och sjunka till ett visst djup – tången
   som håller sig uppe med luftblåsor, som vi håller oss uppe med idéer.

Hornsimpa. Fisken som är paddan som ville bli fjäril och lyckas till en tredjedel,
   gömmer sig i sjögräset men dras upp med näten, fasthakad med sina
   patetiska taggar och vårtor – när man trasslar loss den ur nätmaskorna blir
   händerna skimrande av slem.

Berghällen. Ute på de solvarma lavarna kilar småkrypen, de har bråttom som
   sekundvisare – tallen kastar en skugga, den vandrar sakta som en timvisare
   – inne i mig står tiden stilla, oändligt med tid, den tid som behövs för att
   glömma alla språk och uppfinna perpetuum mobile.

På läsidan kan man höra gräset växa: ett svagt trummande underifrån, ett svagt
   dån av miljontals små gaslågor, så är det att höra gräset växa.

Och nu: vattenvidden, utan dörrar, den öppna gränsen
som växer sig allt bredare
ju längre man sträcker sig ut.

Det finns dagar då Östersjön är ett stilla oändligt tak.
Dröm då naivt om någonting som kommer krypande på taket och försöker reda ut
   flagglinorna,
försöker få upp
trasan –

IV

From the lee side,
close-ups.

Bladderwrack. In the clear water the seaweed forests shine, they're young, you
want to emigrate there, lie stretched out on your reflection and sink to a
certain depth—the seaweed that holds itself up with air bubbles, the way we
hold ourselves up with ideas.

Bullhead. The fish that's a toad who wanted to be a butterfly and made it a third
of the way, hides in the sea grass but is drawn up in the nets, hooked by its
pathetic spines and warts—when you untangle it from the mesh your hands
gleam with slime.

Rock slab. Out on the sun-warmed lichens, insects dash, they're in a rush like
second hands—the pine casts a shadow, it wanders slowly like an hour
hand—inside me time stands still, infinite time, the time it takes to forget
every language and invent perpetual motion.

On the lee side you can hear the grass growing: a faint drumming from below, the
faint rumbling of a million small gas flames, that's how it is to hear the grass
grow.

And now: the water's expanse, without doors, the open border
that grows broader and broader
the farther you stretch out.

There are days when the Baltic's a calm endless roof.
Then dream naively about something that crawls out on the roof and tries to
untangle the flag lines,
tries to raise up
the rag—

flaggen som är så gnuggad av blåsten och rökt av skorstenarna och blekt av solen
att den kan vara allas.

Men det är längt till Liepāja.

the flag that's so tattered by wind and blackened by the smokestack and faded by
sun, it can be everyone's.

But it's a long way to Liepāja.

V

30 juli. Fjärden har blivit excentrisk – idag vimlar maneterna för första gången på
    åratal, de pumpar sig fram lugnt och skonsamt, de hör till samma rederi:
    AURELIA, de driver som blommor efter en havsbegravning, tar man upp
    dem ur vattnet försvinner all form hos dem, som när en obeskrivlig sanning
    lyfts upp ur tystnaden och formuleras till död gelé, ja de är oöversättliga, de
    måste stanna i sitt element.

2 augusti. Någonting vill bli sagt men orden går inte med på det.
Någonting som inte kan sägas,
afasi,
det finns inga ord men kanske en stil . . .

Det händer att man vaknar om natten
och kastar ner några ord snabbt
på närmaste papper, på kanten av en tidning
(orden strålar av mening!)
men på morgonen: samma ord säger ingenting längre, klotter, felsägningar.
Eller fragment av den stora nattliga stilen som drog förbi?

Musiken kommer till en människa, han är tonsättare, spelas, gör karriär, blir chef för
    konservatoriet.
Konjunkturen vänder, han fördöms av myndigheterna.
Som huvudåklagare sätter man upp hans elev K***.
Han hotas, degraderas, förpassas.
Efter några år minskar onåden, han återupprättas.
Då kommer hjärnblödningen: högersidig förlamning med afasi, kan bara uppfatta
    korta fraser, säger fel ord.
Kan alltså inte nås av upphöjelse eller fördömanden.
Men musiken finns kvar, han komponerar fortfarande i sin egen stil,
han blir en medicinsk sensation den tid han har kvar att leva.

V

July 30. The bay has become eccentric—today jellyfish are swarming for the first
   time in years, they pump themselves calmly and gently forward, they belong
   to the same shipping company: AURELIA, they drift like flowers after a sea
   burial, if you take them out of the water their entire form disappears, like
   when an unspeakable truth is lifted out of the silence and expressed as
   lifeless gel, yes, they're untranslatable, they must stay in their own element.

August 2. Something wants to be said, but the words don't agree.
Something that can't be spoken,
aphasia,
there are no words but maybe a style . . .

You might wake up during the night
and quickly throw some words down
on the nearest paper, in the margins of the news
(the words radiant with meaning!)
but in the morning: the same words don't say anything, scribbles, slips of the
   tongue.
Or fragments of the great nightly writing that drew past?

Music comes to a person, he's a composer, is performed, makes a career, becomes
   director of the conservatory.
The conditions change, he's condemned by the authorities.
They set up his student K as the head prosecutor.
He's threatened, demoted, sent away.
After a few years, the disgrace lessens, he's reinstated.
Then the cerebral hemorrhage: right-side paralysis with aphasia, can only grasp
   short phrases, says the wrong words.
He's therefore beyond the reach of advancement or blame.
But the music's still there, he continues to compose in his own style,
becomes a medical sensation in the time he has left to live.

Han skrev musik till texter han inte längre förstod –
på samma sätt
uttrycker vi något med våra liv
i den nynnande kören av felsägningar.

Dödsföreläsningarna pågick flera terminer. Jag var närvarande
tillsammans med kamrater som jag inte kände
(vilka är ni?)
– efteråt gick var och en till sitt, profiler.

Jag såg mot himlen och mot marken och rakt fram
och skriver sen dess ett långt brev till de döda
på en maskin som inte har färgband bara en horisontstrimma
så orden bultar förgäves och ingenting fastnar.

Jag står med handen på dörrhandtaget, tar pulsen på huset.
Väggarna är så fulla av liv
(barnen vågar inte sova ensamma uppe på kammarn – det som gör mig trygg gör
　　　dem oroliga).

3 augusti. Där ute i det fuktiga gräset
hasar en hälsning från medeltiden: vinbergssnäckan
den subtilt grågulglimmande snigeln med sitt hus på svaj,
inplanterad av munkar som tyckte om *escargots* – ja franciskanerna var här,
bröt sten och brände kalk, ön blev deras 1288, donation av kung Magnus
(»Tessa almoso ok andra slika / the möta honom nw i hymmerike«)
skogen föll, ugnarna brann, kalken seglades in
till klosterbyggena . . .
　　　　　　Syster snigel
står nästan stilla i gräset, känselspröten sugs in
och rullas ut, störningar och tveksamhet . . .
Vad den liknar mig själv i mitt sökande!

He wrote music to lyrics he no longer understood—
in the same way
we express something about our lives
in the humming chorus of misspoken words.

The Death lectures lasted for several terms. I was present
together with classmates I didn't know
(who are you?)
—afterward everyone went their own way, profiles.

I looked to the sky and to the ground and straight ahead
and since then have been writing a long letter to the dead
on a typewriter that has no ribbon, just a thread of horizon
so the words knock in vain and nothing sticks.

I stand with my hand on the doorknob, taking the pulse of the house.
The walls are so full of life
(the children don't dare sleep alone in the upstairs room—what makes me feel
        secure makes them uneasy).

August 3. Out there in the damp grass
a greeting from the Middle Ages slides past: *Helix pomatia,*
the subtly glistening gray-yellow snail with its house askew,
introduced by monks who loved *escargots*—yes, the Franciscans were here,
broke stone and burned lime, the island was theirs in 1288, a gift from King Magnus
("Thes almesse and othere suche / thei meeten him nu in hevenriche"),
the forest fell, the kilns burned, the lime was sailed in
to build the monastery . . .
                        Sister snail
stands nearly still in the grass, tentacles sucking in
and rolling out, disturbances and hesitation . . .
How this resembles me in my searching!

Vinden som blåst så noga hela dagen
– på de yttersta kobbarna är stråna allesammans räknade –
har lagt sig ner stilla inne på ön. Tändstickslågan står rak.
Marinmålningen och skogsmålningen mörknar tillsammans.
Också femvåningsträdens grönska blir svart.
»Varje sommar är den sista.« Det är tomma ord
för varelserna i sensommarmidnatten
där syrsorna syr på maskin som besatta
och Östersjön är nära
och den ensamma vattenkranen reser sig bland törnrosbuskarna
som en ryttarstaty. Vattnet smakar järn.

The wind that blew so carefully all day
—on the outermost isles, every blade of grass is counted—
has quietly lain down in the inner island. The match-flame stands straight.
The sea painting and the forest painting darken together.
The greenness of the five-story trees also turns black.
"Every summer is the last." These are empty words
for the creatures of late summer midnight
where crickets sew on their machines as if possessed
and the Baltic is close
and the lonely water faucet rises up from the briar roses
like an equestrian statue. The water tastes of iron.

VI

Mormors historia innan den glöms: hennes föräldrar dör unga,
fadern först. När änkan känner att sjukdomen ska ta också henne
går hon från hus till hus, seglar från ö till ö
med sin dotter. »Vem kan ta hand om Maria!« Ett främmande hus
på andra sidan fjärden tar emot. Där har de råd.
Men de som hade råd var inte de goda. Fromhetens mask spricker.
Marias barndom tar slut i förtid, hon går som piga utan lön
i en ständig köld. Många år. Den ständiga sjösjukan
under de långa rodderna, den högtidliga terrorn
vid bordet, minerna, gäddskinnet som knastrar
i munnen: var tacksam, var tacksam.
                    Hon såg sig aldrig tillbaka
men just därför kunde hon se Det Nya
och gripa tag i det.
Bort ur inringningen!

Jag minns henne. Jag tryckte mig mot henne
och i dödsögonblicket (övergångsögonblicket?) sände hon ut en tanke
så att jag – femåringen – förstod vad som hänt
en halvtimme innan de ringde.

Jag minns henne. Med på nästa bruna foto
är den okände –
dateras enligt kläderna till förra seklets mitt.
En man omkring trettio: de kraftiga ögonbrynen,
ansiktet som ser mig rätt in i ögonen
och viskar: »här är jag«.
Men vem »jag« är
finns det inte längre någon som minns. Ingen.

TBC? Isolering?

VI

Grandmother's story before it's forgotten: her parents die young,
father first. When the widow realizes the illness will take her too,
she walks from house to house, sails from island to island
with her daughter. "Who will take care of Maria!" A stranger's house
on the other side of the bay accepts. Where they can afford it.
But those who could afford it weren't the good ones. The mask of piety cracks.
Maria's childhood ends abruptly, she works like a servant without pay
in the relentless cold. For many years. The relentless seasickness
during the long stretches of rowing, the solemn terror
at the table, the looks, the pike skin crunching
in her mouth: be thankful, be thankful.
       She never looked back
but because of this she could see The New
and take hold of it.
Get out of the encirclement!

I remember her. I'd nestle up to her
and at the moment of death (the moment of crossing over?) she sent out a thought
so that I—a five-year-old—understood what had happened
half an hour before they phoned.

I remember her. But in the next brown photo
there's the unknown man—
dated by his clothing to the middle of last century.
A man in his thirties: the heavy eyebrows,
the face that looks me straight in the eye
and whispers: "Here I am."
But who "I" am
there's no one left that remembers. No one.

TB? Isolation?

En gång stannade han
i den steniga gräsångande backen från sjön
och kände den svarta bindeln för ögonen.

Här, bakom täta snår – är det öns äldsta hus?
Den låga knuttimrade 200-åriga sjöboden med gråraggigt tungt trä.
Och det moderna mässingslåset har klickat igen om alltsammans, lyser som ringen
        i nosen på en gammal tjur
som vägrar att resa sig.
Så mycket hopkurat trä. På taket de uråldriga tegelpannorna som rasat kors och
        tvärs på varann
(det ursprungliga mönstret rubbat av jordens rotation genom åren)
det påminner om något . . . jag var där . . . vänta: det är den gamla judiska
        kyrkogården i Prag
där de döda lever tätare än i livet, stenarna tätt tätt.
Så mycket inringad kärlek! Tegelpannorna med lavarnas skrivtecken på ett okänt
        språk
är stenarna på skärgårdsfolkets ghettokyrkogård, stenarna uppresta och
        hoprasade. –
Rucklet lyser
av alla dem som fördes av en viss våg, av en viss vind
hit ut till sina öden.

One time he stopped
on the stony grass-steaming slope up from the sea
and felt the black blindfold over his eyes.

Here, behind the dense brush—is this the island's oldest house?
The squat 200-year-old log fishing hut with heavy, gray, rough-hewn timbers.
And the modern brass lock that's clicked it all shut, shining like the ring in the nose
      of an old bull
who refuses to get up.
So much huddling wood. On the roof, ancient tiles collapsed into each other every
      which way
(the original pattern disturbed by earth's rotation through the years)
remind me of something . . . I was there . . . wait: it's the old Jewish graveyard in
      Prague
where the dead live closer together than they did in life, the stones close, close.
So much encircled love! The roofing tiles with lichens' script written in an unknown
      tongue
are the stones in the archipelago folks' ghetto-graveyard, the stones raised up and
      toppled—
The hovel shines
with all those who were carried by a certain wave, by a certain wind
out here to their fates.

SANNINGSBARRIÄREN / THE TRUTH BARRIER

(1978)

CITOYENS

Natten efter olyckan drömde jag om en koppärrig man
som gick och sjöng i gränderna.
Danton!
Inte den andre – Robespierre tar inte såna promenader.
Robespierre gör omsorgsfullt toalett en timme på morgonen,
resten av dygnet ägnar han åt Folket.
I pamfletternas paradis, bland dygdens maskiner.
Danton –
eller den som bar hans mask –
stod som på styltor.
Jag såg hans ansikte underifrån:
som den ärriga månen,
till hälften i ljus, till hälften i sorg.
Jag ville säga något.
En tyngd i bröstet, lodet
som får klockorna att gå,
visarna att vrida sig: år 1, år 2 . . .
En frän doft som från sågspånen i tigerstallarna.
Och – som alltid i drömmen – ingen sol.
Men murarna lyste
i gränderna som krökte sig
ner mot väntrummet, det krökta rummet,
väntrummet där vi alla . . .

CITOYENS

The night after the accident, I dreamed of a pockmarked man
who walked along the alleys singing.
Danton!
Not the other guy—Robespierre would never take such walks.
He spends an hour each morning carefully grooming,
the rest of the day he devotes to The People.
In the paradise of pamphlets, among virtue's machinery.
Danton—
or the one who wore his mask—
stood as if on stilts.
I saw his face from below:
like the pitted moon,
half in light, half in sorrow.
I wanted to say something.
A weight on my chest, the lead weight
that makes the clocks go,
turning the hands to: year 1, year 2 . . .
A sharp scent like the sawdust in tiger cages.
And—as always in dreams—no sun.
But the walls shone
in the alleys that curved
down toward the waiting room, the curved room,
the waiting room where we all . . .

ÖVERGÅNGSSTÄLLET

Isblåst mot ögonen och solarna dansar
i tårarnas kaleidoskop när jag korsar
gatan som följt mig så länge, gatan
där grönlandssommaren lyser ur pölarna.

Omkring mig svärmar gatans hela kraft
som ingenting minns och ingenting vill.
I marken djupt under trafiken väntar
den ofödda skogen stilla i tusen år.

Jag får den idéen att gatan ser mig.
Dess blick är så skum att solen själv
blir ett grått nystan i en svart rymd.
Men just nu lyser jag! Gatan ser mig.

THE CROSSING PLACE

Icy wind in my eyes and the suns dance
inside a kaleidoscope of tears as I cross
the street that's followed me for so long, the street
where Greenland summer shines from the puddles.

Swarming around me, the street's full force,
without memory or purpose.
Deep in the ground under the traffic
the unborn forest quietly waits for a thousand years.

I get the feeling the street can see me.
Its sight is so dull that the sun itself
is a gray ball of wool in a black sky.
But right now I shine! The street sees me.

GLÄNTAN

Det finns mitt i skogen en oväntad glänta som bara kan hittas av den som gått vilse.

Gläntan är omsluten av en skog som kväver sig själv. Svarta stammar med lavarnas askgrå skäggstubb. De tätt sammanskruvade träden är döda ända upp i topparna där några enstaka gröna kvistar vidrör ljuset. Därunder: skugga som ruvar på skugga, kärret som växer.

Men på den öppna platsen är gräset underligt grönt och levande. Här ligger stora stenar, liksom ordnade. De måste vara grundstenarna i ett hus, jag kanske tar fel. Vilka levde här? Ingen kan ge upplysning om det. Namnen finns någonstans i ett arkiv som ingen öppnar (det är bara arkiven som håller sig unga). Den muntliga traditionen är död och därmed minnena. Zigenarstammen minns men de skrivkunniga glömmer. Anteckna och glöm.

Torpet sorlar av röster, det är världens centrum. Men invånarna dör eller flyttar ut, krönikan upphör. Det står öde i många år. Och torpet blir en sfinx. Till slut är allt borta utom grundstenarna.

På något sätt har jag varit här förut, men måste gå nu. Jag dyker in bland snåren. Det går bara att tränga sig igenom med ett steg framåt och två åt sidan, som en schackspringare. Så småningom glesnar det och ljusnar. Stegen blir längre. En gångstig smyger sig fram till mig. Jag är tillbaka i kommunikationsnätet.

På den nynnande kraftledningsstolpen sitter en skalbagge i solen. Under de glänsande sköldarna ligger flygvingarna hopvecklade lika sinnrikt som en fallskärm packad av en expert.

THE GLADE

Deep in the forest, there's an unexpected clearing that can only be found by those who are lost.

The glade is surrounded by a woodland that's strangling itself. Black trunks with the ash-gray beard stubble of lichen. The densely tangled trees are dead right up to their crowns, where a few stray green twigs graze the light. Below them: shadow begets shadow, and the swamp expands.

But in this open space, the grass is strangely green and alive. There are huge stones, sort of arranged. They must be the foundation stones of a house, though I could be wrong. Who lived here? Nobody can say. The names are somewhere in an archive that no one ever opens (only archives remain young). The oral tradition is dead, and with it the memories. The Romani remember, but those who can write forget. Record it and forget.

The cottage hums with voices, it's the center of the world. But the inhabitants die or move away, the record comes to an end. Abandoned for many years. And the cottage becomes a sphinx. At last, everything's gone except the foundation stones.

Somehow I've been here before, but now it's time to go. I dive into the thicket. The only way to push through is with one step forward and two to the side, like a chess knight. Little by little the forest thins out and lightens. My stride lengthens. A footpath sneaks up on me. I'm back inside the communication web.

On the humming electrical pole, a beetle rests in the sun. Under its gleaming carapace, the flight wings are folded as ingeniously as a parachute packed by an expert.

BÖRJAN PÅ SENHÖSTNATTENS ROMAN

Passagerarbåten luktar olja och nånting skallrar hela tiden som en tvångstanke. Strålkastaren tänds. Vi närmar oss bryggan. Det är bara jag som ska av här. »Behöveru landgången?« Nej. Jag tar ett långt vacklande kliv rätt in i natten och står på bryggan, på ön. Jag känner mig blöt och ovig, en fjäril som just krupit ur puppskalet, plastpåsarna i vardera handen hänger som missbildade vingar. Jag vänder mig om och ser båten glida bort med sina lysande fönster, trevar mig sen fram till huset som stått tomt så länge. Alla hus i grannskapet står obebodda ... Det är skönt att somna in här. Jag ligger på rygg och vet inte om jag sover eller är vaken. Några böcker jag läste passerar förbi som gamla seglare på väg till Bermuda-triangeln för att försvinna utan spår ... Det hörs ett ihåligt ljud, en tankspridd trumma. Ett föremål som blåsten åter och åter dunkar mot något som jorden håller stilla. Om natten inte bara är frånvaron av ljus, om natten verkligen *är* något, så är den detta ljud. Stetoskopljuden från ett långsamt hjärta, det bultar, tystnar ett tag, kommer tillbaka. Som om varelsen rörde sig i sick-sack över Gränsen. Eller någon som bultar i en vägg, någon som hör till den andra världen men blev kvar här, bultar, vill tillbaka. Försent! Hann inte dit ner, hann inte dit upp, hann inte ombord ... Den andra världen är också den här världen. Nästa morgon ser jag en fräsande gyllenbrun lövruska. En krypande rotvälta. Stenar med ansikten. Skogen är full av akterseglade vidunder som jag älskar.

START OF A LATE AUTUMN NIGHT'S NOVEL

The ferryboat smells of oil, and something rattles the whole way like an obsession. The floodlight is switched on. We're approaching the dock. I'm the only one getting off here. "D'ya need the ramp?" No. I take a long lurching stride straight into the night and stand on the dock, on the island. I feel wet and awkward, a butterfly that just crawled from its cocoon, plastic bags in each hand hanging like malformed wings. I turn around to watch the boat glide off with its shining windows, then grope my way to the house that's been empty for so long. All the houses in the neighborhood are vacant . . . It's pleasant falling asleep here. I lie on my back and can't tell if I'm sleeping or awake. A few books I've read pass by like old sailors headed for the Bermuda Triangle to disappear without a trace . . . I hear a hollow sound, an absentminded drumming. An object the wind thumps again and again against something the earth holds still. If night isn't merely the absence of light, if night really *is* something, then it's this sound. The sounds of a slow heart in a stethoscope, it pounds, quiets down for a while, comes back. As if the creature were moving in a zigzag back and forth across The Border. Or someone were knocking inside of a wall, someone who belongs to the other world but got left behind here, knocking, wanting to return. Too late! Didn't make it down there in time, couldn't make it up, couldn't get on board . . . The other world is also this world. The next morning, I see a sizzling golden-brown branch. A crawling uprooted tree. Stones with faces. The forest is full of castaway monsters that I love.

TILL MATS OCH LAILA

Datumlinjen ligger stilla mellan Samoa och Tonga men Midnattslinjen glider fram över oceanen och öarna och hyddornas tak. De sover där, på andra sidan. Här i Värmland är det mitt på dagen, en solbrinnande försommardag – jag har slängt ifrån mig bagaget. En simtur i himlen, vad luften är blå . . . Då ser jag plötsligt åsarna på andra sidan sjön: de är kalhuggna. Liknar de rakade partierna av hjässan på en patient som ska hjärnopereras. Det har funnits där hela tiden, jag såg det inte förrän nu. Skygglappar och nackspärr . . . Resan fortsätter. Nu är landskapet fullt av streck och linjer, som på de gamla gravyrerna där människor rörde sig små mellan kullar och berg som liknade myrstackar och byar som också var tusentals streck. Och varje människomyra drog sitt streck till den stora gravyren, det fanns inget riktigt centrum men allt levde. En annan sak: figurerna är små men de har alla ett eget ansikte, gravören har unnat dem det, nej de är inga myror. De flesta är enkla människor men de kan skriva sitt namn. Proteus däremot är en modern människa och uttrycker sig flytande i alla stilar, kommer med »raka budskap« eller krusiduller, beroende på vilket gäng han tillhör just nu. Men han kan inte skriva sitt namn. Han ryggar tillbaka för det som varulven för silverkulan. Det kräver de inte heller, inte bolagshydran, inte Staten . . . Resan fortsätter. I det här huset bor en man som blev desperat en kväll och sköt skarpt mot den tomma hängmattan som svävade över gräset. Och Midnattslinjen närmar sig, den har snart gått halva varvet runt. (Kom inte och påstå att jag vill vrida klockan tillbaka!) Tröttheten ska strömma in genom hålet som blev efter solen . . . Aldrig var jag med om att visst ögonblicks diamant drog en outplånlig repa tvärs över världsbilden. Nej det var nötningen, den ständiga nötningen som suddade ut det ljusa främmande leendet. Men något håller på att bli synligt igen, det håller på att *nötas* fram, börjar likna ett leende, man vet inte vad det kan vara värt. Ouppklarat. Det är någon som hugger tag i min arm varje gång jag försöker skriva.

FOR MATS AND LAILA

The Date Line lies motionless between Samoa and Tonga, but the Midnight Line glides across the ocean and islands and rooftops of huts. They're asleep over there, on the other side. Here in Värmland it's midday, a blazing early summer day—I've tossed my luggage aside. A swim in the sky, and how blue the air is . . . Then suddenly I see the ridges across the lake: they've been clear-cut. Like the shaved head patches on a patient about to have brain surgery. It's been there the whole time, but I didn't notice until now. Blinders and a stiff neck . . . The journey goes on. Now the landscape is full of slashes and lines, as in old engravings where tiny people moved between knolls and mountains that resembled anthills and villages also made of thousands of slashes. And every person-ant carried their own slash to the big engraving; it had no real center, but everything was alive. Another thing: the figures may be tiny, but each has its own face, the engraver granted them that—no, they are not ants. Most are simple people, but they can write their own names. Proteus, on the other hand, is a modern man who expresses himself fluently in any style, coming out with "straight talk" or flowery language, depending on the gang he's with at the time. But he can't write his name. He recoils from that like a werewolf from a silver bullet. They don't demand it either, not the many-headed corporation nor the State . . . The journey goes on. The man who lives in this house got desperate one evening and took a shot at the empty hammock swaying over the lawn. And the Midnight Line is getting close, soon it will have gone halfway around (And don't claim that I want the clock turned back!). Fatigue will stream in through the hole left by the sun . . . Never has the diamond of a certain moment left an indelible scratch across my worldview. No, it was the wearing down, the constant wearing down that rubbed off the strange bright smile. But something's about to become visible again, it's being *worn in,* beginning to look like a smile, but you can't tell what it might be worth. Unclear. Someone keeps tugging my arm whenever I try to write.

FRÅN VINTERN 1947

Om dagarna i skolan den dova myllrande fästningen.
I skymningen gick jag hem under skyltarna.
Då kom viskningen utan läppar: »Vakna sömngångare!«
och alla föremål pekade mot Rummet.

Femte våningen, rummet mor gården. Lampan brann
i en cirkel av skräck alla nätter.
Jag satt utan ögonlock i sängen och såg
bildband bildband med de sinnessjukas tankar.

Som om det var nödvändigt . . .
Som om den sista barndomen slogs sönder
för att kunna passera genom gallret.
Som om det var nödvändigt . . .

Jag läste i böcker av glas men såg bara det andra:
fläckarna som trängde fram genom tapeterna.
Det var de levande döda
som ville ha sina porträtt målade!

Tills gryningen då sophämtarna kom
och slamrade med plåtkärlen där nere
bakgårdens fridfulla grå klockor
som ringde mig till sömns.

FROM THE WINTER OF 1947

Those days at school in the dull teeming fortress.
At dusk I walked home under the signs.
Then came the whispering without lips: "Wake up, sleepwalker!"
and every object pointed toward The Room.

Sixth floor, the room facing the yard. The lamp burned
in a circle of terror every night.
I sat up in bed without eyelids and saw
filmstrip filmstrip of the mentally ill's thoughts.

As if it were necessary . . .
As if the last of childhood had to be smashed to bits
so it could pass easily through the mesh.
As if it were necessary . . .

I read books of glass, but saw only the other:
the stains emerging through the wallpaper.
It was the living dead
who wanted to have their portraits painted!

Until dawn, when the garbage collectors arrived
and clattered the metal trash cans down there,
the backyard's peaceful gray bells
that rang me to sleep.

SCHUBERTIANA

I

I kvällsmörkret på en plats utanför New York, en utsiktspunkt där man med en
        enda blick kan omfatta åtta miljoner människors hem.
Jättestaden där borta är en lång flimrande driva, en spiralgalax från sidan.
Inne i galaxen skjuts kaffekoppar över disken, skyltfönstren tigger av
        förbipasserande, ett vimmel av skor som inte sätter några spår.
De klättrande brandstegarna, hissdörrarna som glider ihop, bakom dörrar med
        polislås ett ständigt svall av röster.
Hopsjunkna kroppar halvsover i tunnelbanevagnarna, de framrusande
        katakomberna.
Jag vet också – utan all statistik – att just nu spelas Schubert i något rum därborta
        och att för någon är de tonerna verkligare än allt det andra.

II

Människohjärnans ändlösa vidder är hopskrynklade till en knytnäves storlek.
I april återvänder svalan till sitt fjolårsbo under takrännan på just den ladan i just
        den socknen.
Hon flyger från Transvaal, passerar ekvatorn, flyger under sex veckor över två
        kontinenter, styr mot just denna försvinnande prick i landmassan.
Och han som fångar upp signalerna från ett helt liv i några ganska vanliga ackord
        av fem stråkar
han som får en flod att strömma genom ett nålsöga
är en tjock yngre herre från Wien, av vännerna kallad »Svampen«, som sov med
        glasögonen på
och ställde sig punktligt vid skrivpulpeten om morgonen.
Varvid notskriftens underbara tusenfotingar satte sig i rörelse.

III

De fem stråkarna spelar. Jag går hem genom ljumma skogar med marken fjädrande
        under mig

SCHUBERTIANA

I

In the evening darkness at a place outside New York, an overlook where in a single
        glance you can take in the homes of eight million people.
The giant city over there is a long flickering drift, a spiral galaxy seen from the side.
Within the galaxy, coffee cups are slid across the counter, storefront windows beg
        from passersby, a swarm of shoes that leave no tracks.
The climbing fire escapes, elevator doors gliding together, and behind doors bolted
        with police locks, a steady flow of voices.
Slouched bodies doze in subway cars, the rushing catacombs.
I also know—without statistics—that right now Schubert is being played in some
        room over there and that for someone those tones are more real than
        anything else.

II

The human brain's infinite expanses are crumpled to the size of a fist.
In April, the swallow comes back to last year's nest under the gutter on that exact
        barn in that exact parish.
She flies from Transvaal, passes the equator, flying for six weeks over two
        continents, homing in on that exact vanishing dot on the landmass.
And he who captures the signals from an entire life in some rather ordinary chords
        for five strings,
he who gets a river to flow through a needle's eye,
is a plump young gentleman from Vienna, called "the Little Mushroom" by his
        friends, who slept with his eyeglasses on
and punctually each morning stood at his writing desk.
Where the wonderful millipedes of his musical notations were set into motion.

III

The string quintet plays on. I walk home through the balmy woods with the ground
        springing under me,

kryper ihop som en ofödd, somnar, rullar viktlös in i framtiden, känner plötsligt att
växterna har tankar.

IV

Så mycket vi måste lita på för att kunna leva vår dagliga dag utan att sjunka genom
jorden!
Lita på snömassorna som klamrar sig fast vid bergssluttningen ovanför byn.
Lita på tysthetslöftena och samförståndsleendet, lita på att olyckstelegrammen inte
gäller oss och att det plötsliga yxhugget inifrån inte kommer.
Lita på hjulaxlarna som bär oss på motorleden mitt i den trehundra gånger
förstorade bisvärmen av stål.
Men ingenting av det där är egentligen värt vårt förtroende.
De fem stråkarna säger att vi kan lita på någonting annat.
På vad? På någonting annat, och de följer oss en bit på väg dit.
Som när ljuset slocknar i trappan och handen följer – med förtroende – den blinda
ledstången som hittar i mörkret.

V

Vi tränger ihop oss framför pianot och spelar med fyra händer i f-moll, två kuskar
på samma ekipage, det ser en aning löjligt ut.
Händerna tycks flytta klingande vikter fram och tillbaka, som om vi rörde
motvikterna
i ett försök att rubba den stora vågarmens ohyggliga balans: glädje och lidande
väger precis lika.
Annie sa »den här musiken är så heroisk«, och det är sant.
Men de som sneglar avundsjukt på handlingens män, de som innerst inne föraktar
sig själva för att de inte är mördare
de känner inte igen sig här.
Och de många som köper och säljer människor och tror att alla kan köpas, de
känner inte igen sig här.

curl up like a fetus, fall asleep, roll weightless into the future, suddenly knowing that the plants have thoughts.

IV

So much trust we must have just to live our daily lives without sinking through the earth!

Trust in the masses of snow clinging to the mountain slopes over the village.

Trust in the promises to keep silent and the smile of accord, trust that the fateful telegram doesn't concern us, and that the sudden axe-blow from within never comes.

Trust in the axles that carry us down the highway in the midst of the three-hundred-times-magnified swarm of steel bees.

But none of this is actually worthy of our belief.

The string quintet says we can trust in something else.

In what? In something else, and it follows us for a while on our way there.

As when the light goes out in the stairwell and your hand follows—with trust—the blind railing that finds its way in the darkness.

V

We cram together at the piano and play with four hands in F minor, two drivers for the same carriage, it looks a little ridiculous.

Our hands appear to be pushing resonant weights back and forth, as if we were moving counterweights

in an effort to shift the frightening equilibrium of the scale's balance arm, where happiness and suffering weigh exactly the same.

Annie said "this music is so heroic," and that's true.

But those who keep an envious eye on men of action, those who deep down despise themselves for not being murderers,

they don't recognize themselves here.

And the many who buy and sell people, believing everyone can be bought, don't recognize themselves here.

Inte deras musik. Den långa melodin som är sig själv i alla förvandlingar, ibland
	glittrande och vek, ibland skrovlig och stark, snigelspår och stålwire.
Det envisa gnolandet som följer oss just nu
uppför
djupen.

Not their music. The long melody that remains itself in all its transformations,
    sometimes glittering and tender, sometimes harsh and strong, snail trails
    and steel wire.
The persistent humming that's right now following us
up
the depths.

GALLERIET

Jag låg över på ett motell vid E3.
I mitt rum där fanns en lukt som jag känt förut
bland de asiatiska samlingarna på ett museum:

masker tibetanska japanska mot en ljus vägg.

Men det är inte masker nu utan ansikten

som tränger fram genom glömskans vita vägg
för att andas, för att fråga om något.
Jag ligger vaken och ser dem kämpa
och försvinna och återkomma.

Några lånar drag av varann, byter ansikten
långt inne i mig
där glömska och minne bedriver sin kohandel.

De tränger fram genom glömskans övermålning
den vita väggen
de försvinner och återkommer.

Här finns en sorg som inte kallar sig så.

Välkommen till de autentiska gallerierna!
Välkommen till de autentiska galärerna!
De autentiska gallren!

Karatepojken som slog en människa lam
drömmer fortfarande om snabba vinster.

Den här kvinnan köper och köper saker
för att kasta i gapet på tomrummen
som smyger bakom henne.

THE GALLERY

I spent the night at a motel by E3.
In my room there was a smell I'd sensed before
among the Asiatic collections in a museum:

masks Tibetan Japanese against a bright wall.

But it isn't masks now, it's faces

pushing through oblivion's white walls
to breathe, to ask for something.
I lie awake and watch as they struggle
and disappear and come back.

Some borrow features from each other, exchanging faces
deep inside of me
where oblivion and memory manage their trade-offs.

They push through oblivion's second coat
the white wall
they disappear and come back.

Here is a sorrow that doesn't call itself one.

Welcome to the authentic galleries!
Welcome to the authentic galleys!
The authentic grates!

The karate kid who paralyzed a man
still dreams of quick profits.

This woman buys and buys things
to toss into the jaws of the emptiness
that slinks along behind her.

Herr X vågar inte lämna sin våning.
Ett mörkt staket av mångtydiga människor
står mellan honom
och den ständigt bortrullande horisonten.

Hon som en gång flydde från Karelen
hon som kunde skratta . . .
nu visar hon sig
men stum, försenad, en staty från Sumer.

Som när jag var tio år och kom sent hem.
I trappuppgången slocknade lamporna
men hissen där jag stod lyste, och hissen steg
som en dykarklocka genom svarta djup
våning för våning medan inbillade ansikten
tryckte sig mot gallret . . .

Men det är inte inbillade ansikten nu utan verkliga.

Jag ligger utsträckt som en tvärgata.

Många stiger fram ur den vita dimman.
Vi rörde vid varann en gång, verkligen!

En lång ljus korridor som luktar karbol.
Rullstolen. Tonårsflickan
som lär sig tala efter bilkraschen.

Han som försökte ropa under vattnet
och världens kalla massa trängde in
genom näsa och mun.

Röster i mikrofonen sa: Fart är makt
fart är makt!
Spela spelet, the show must go on!

Mr. X doesn't dare leave his apartment.
A dark fence of ambiguous people
stands between him
and the steadily receding horizon.

She who once fled from Karelia
she who knew how to laugh . . .
now she appears
but mute, petrified, a statue from Sumer.

Like when I was ten years old and came home late.
In the stairwell the lamps had gone out
but the elevator I stood in was lit, and it climbed
like a diving bell through black depths
floor by floor while imaginary faces
pressed against the grates . . .

It's not imaginary faces now, but real ones.

I lie stretched out like a cross street.

Many emerge from the white haze.
We touched each other once, really!

A long bright corridor that smells of phenol.
The wheelchair. The teenage girl
who learns to speak after the car crash.

He who tried to cry out underwater
and the world's cold mass rushed in
through his nose and mouth.

Voices in the microphone said: Speed is power
speed is power!
Play the game, the show must go on!

I karriären rör vi oss stelt steg för steg
som i ett no-spel
med masker, skrikande sång: Jag, det är Jag!
Den som slogs ut
representerades av en hoprullad filt.

En konstnär sa: Förr var jag en planet
med en egen tät atmosfär.
Strålarna utifrån bröts där till regnbågar.
Ständiga åskväder rasade inom, inom.

Nu är jag slocknad och torr och öppen.
Jag saknar numera barnslig energi.
Jag har en het sida och en kall sida.

Inga regnbågar.

Jag låg över i det lyhörda huset.
Många vill komma in där genom väggarna
men de flesta tar sig inte ända fram:

de överröstas av glömskans vita brus.

Anonym sång drunknar i väggarna.
Försynta knackningar som inte vill höras
utdragna suckar
mina gamla repliker som kryper hemlösa.

Hör samhällets mekaniska självförebråelser
stora fläktens röst
som den konstgjorda blåsten i gruvgångarna
sexhundra meter nere.

Våra ögon står vidöppna under bandagen.

We move through our careers stiffly, step by step
as in a Noh play
with masks, shrieking song: Me, it's Me!
Whoever's defeated
is represented by a rolled-up blanket.

An artist said: I used to be a planet
with my own dense atmosphere.
Incoming rays were refracted into rainbows.
Continuous thunderstorms raged within, within.

Now I'm burned out and dry and open.
I no longer have childlike energy.
I have a hot side and a cold side.

No rainbows.

I spent the night in the thin-walled house.
Many want to come in through those walls
but most don't make it all the way:

they're overcome by the white noise of oblivion.

Anonymous singing drowns in the walls.
Discreet knocking that doesn't want to be heard
drawn-out sighs
my old replies crawling along homelessly.

Listen to society's mechanical self-reproach
the voice of the large fan
like the artificial wind in mine shafts
six hundred meters down.

Our eyes stay wide open under the bandages.

Om jag åtminstone kunde få dem att känna
att den här skälvningen under oss
betyder att vi är på en bro . . .

Ofta måste jag stå alldeles orörlig.
Jag är knivkastarens partner på cirkus!
Frågor jag slängt ifrån mig i raseri
kommer vinande tillbaka

träffar inte men naglar fast min kontur
i grova drag
sitter kvar när jag har gått från platsen.

Ofta måste jag tiga. Frivilligt!
Därför att »sista ordet« sägs gång på gång.
Därför att goddag och adjö . . .
Därför att den dag som idag är . . .

Därför att marginalerna stiger till sist
över sina bräddar
och översvämmar texten.

Jag låg över på sömngångarnas motell.
Många ansikten härinne är förtvivlade
andra utslätade
efter pilgrimsvandringarna genom glömskan.

De andas försvinner kämpar sig tillbaka
de ser förbi mig
de vill alla fram till rättvisans ikon.

Det händer men sällan
att en av oss verkligen *ser* den andre:

ett ögonblick visar sig en människa
som på ett fotografi men klarare

If I could at least get them to feel
that this trembling beneath us
means we're on a bridge . . .

Often, I must stand perfectly still.
I'm the knife thrower's partner at a circus!
Questions I've hurled from myself in a fury
come howling back

not hitting me but nailed to my contour
in a rough outline
that's still there after I've left the scene.

Often, I must keep quiet. Willingly!
Because "the last word" is said again and again.
Because hello and goodbye . . .
Because that day is today . . .

Because in the end, the margins will rise
over their banks
and flood the text.

I spent the night at the sleepwalkers' motel.
Many faces in here are desperate
others made smooth
by their pilgrimages through oblivion.

They breathe disappear fight their way back
they look past me
they all want to reach the icon of justice.

It happens though rarely
that one of us really *sees* the other:

a moment when a person shows himself
like in a photograph but more clearly

och i bakgrunden
någonting som är större än hans skugga.

Han står i helfigur framför ett berg.
Det är mera ett snigelskal än ett berg.
Det är mera ett hus än ett snigelskal.
Det är inte ett hus men har många rum.
Det är otydligt men överväldigande.
Han växer fram ur det, och det ur honom.
Det är hans liv, det är hans labyrint.

and in the background
something that's larger than his shadow.

He stands full length before a mountain.
It's more a snail shell than a mountain.
It's more a house than a snail shell.
It isn't a house but has many rooms.
It's indistinct but overwhelming.
He grows out from it, and it from him.
It's his life, it's his labyrinth.

MINUSGRADER

Vi är på en fest som inte älskar oss. Till sist låter festen sin mask falla och visar sig som den verkligen är: en växlingsbangård. Kalla kolosser står på skenor i dimman. En krita har klottrat på vagnsdörrarna.

Det får inte nämnas, men här finns mycket undertryckt våld. Därför är detaljerna så tunga. Och så svårt att se det andra som också finns: en solkatt som flyttar sig på husväggen och glider genom den ovetande skogen av flimrande ansikten, ett bibelord som aldrig skrevs: »Kom till mig, ty jag är motsägelsefull som du själv.«

I morgon arbetar jag i en annan stad. Jag susar dit genom morgontimman som är en stor svartblå cylinder. Orion hänger ovanför tjälen. Barn står i en tyst klunga och väntar på skolbussen, barn som ingen ber för. Ljuset växer sakta som vårt hår.

BELOW FREEZING

We're at a party that doesn't love us. Eventually the party lets its mask fall and reveals what it really is: a railroad switching yard. Cold giants stand on the tracks in the fog. Chalk scribbled on the freight car doors.

This shouldn't be said, but there's a lot of repressed violence here. That's why the details are so heavy. And why it's so hard to see something else that's present: a glint of reflected sun moving across the wall and gliding through the clueless forest of flickering faces, a biblical expression that was never written: "Come unto me, for I'm as full of contradiction as you."

Tomorrow I work in another town. I rush there through the morning hour that's a large dark-blue barrel. Orion hangs over the frosted ground. Children stand in a quiet huddle and wait for the school bus, the children no one prays for. The light grows as slowly as our hair.

BÅTEN – BYN

En portugisisk fiskebåt, blå, kölvattnet rullar upp Atlanten ett stycke.
En blå punkt långt ute, och ända är jag där – de sex ombord marker inte att vi är sju.

Jag såg en sån båt byggas, den låg som en stor luta utan strängar
i fattigravinen: byn där man tvättar och tvättar i ursinne, tålamod, vemod.

Svart av folk på stranden. Det var ett möte som skingrades, högtalarna bars bort.
Soldater ledde talarens Mercedes genom trängseln, ord trummade mot plåtsidorna.

THE BOAT—THE VILLAGE

A Portuguese fishing boat, blue, its wake rolling up the Atlantic a bit.
A blue point far out, and yet I'm there—the six on board don't notice we are seven.

I saw a boat like this being built, lying like a huge lute without strings
in the barren ravine: the village where they wash and wash in rage, patience,
      melancholy.

Dark with people on the beach. A meeting was breaking up, the loudspeakers were
      carried off.
Soldiers led the orator's Mercedes through the crowd, words beating against the
      metal sides.

SVARTA BERGEN

I nästa kurva kom bussen loss ur bergets kalla skugga
vände nosen mot solen och kröp rytande uppför.
Vi trängdes i bussen. Diktatorns byst var också med
inslagen i tidningspapper. En flaska gick från mun till mun.
Döden födelsemärket växte olika snabbt hos alla.
Uppe i bergen hann det blå havet ikapp himlen.

THE BLACK MOUNTAINS

Around the next curve the bus emerged from the mountain's cold shadow,
turned its nose into the sun and crawled uphill roaring.
We were crammed on the bus. The dictator's bust was also there,
wrapped in newspaper. A bottle was passed from mouth to mouth.
Death's birthmark grew at a different speed in everyone.
High in the mountains, the blue sea caught up with the sky.

HEMÅT

Ett telefonsamtal rann ut i natten och glittrade på landsbygden och i förstäderna.
Efteråt sov jag oroligt i hotellsängen.
Jag liknade nålen i en kompass som orienteringslöparen bär genom skogen med
   bultade hjärta.

HOMEWARD

A telephone call flowed out into the night and glittered in the countryside and
　　suburbs.
Afterward I slept restlessly in the hotel bed.
I was like the needle of a compass carried by the orienteer who's loping through the
　　woods with a bounding heart.

EFTER EN LÅNG TORKA

Sommaren är grå just nu underliga kväll.
Regnet smyger ner från himlen
och tar mark stilla
som om det gällde att övermanna en sovande.

Vattenringarna myllrar på fjärdens yta
och det är den enda yta som finns –
det andra är höjd och djup
stiga och sjunka.

Två tallstammar
skjuter upp och fortsätter i långa ihåliga signaltrummor.
Borta är städerna och solen.
Åskan finns i det höga gräset.

Det går att ringa upp hägringens ö.
Det går att höra den gråa rösten.
Järnmalm är honung för åskan.
Det går att leva med sin kod.

AFTER A LONG DROUGHT

The summer is gray this unusual evening.
Rain slips down from the sky
and lands quietly
as if it meant to overpower someone sleeping.

Water rings swarm across the surface of the bay
and it's the only surface there is—
the other is height and depth,
to rise and to fall.

The trunks of two pines
shoot up and extend into long hollow signal drums.
Gone are the cities and the sun.
There's thunder in the tall grass.

It's possible to phone the mirage island.
It's possible to hear the gray voice.
Iron ore is honey for the thunder.
It's possible to live by your code.

SKOGSPARTI

På vägen dit smattrade ett par uppskrämda vingar, det var allt. Dit går man ensam. Det är en hög byggnad som helt och hållet består av springor, en byggnad som alltid vacklar men aldrig kan störta. Den tusenfaldiga solen svävar in genom springorna. I spelet av ljus råder en omvänd tyngdlag: huset förankras i himlen och det som faller, det faller uppåt. Där får man vända sig om. Där är det tillåtet att sörja. Där vågar man se vissa gamla sanningar som annars alltid hålls nerpackade. Mina roller på djupet, de flyter upp där, hänger som de torkade skallarna i förfadershyddan på någon melanesisk avkroksö. En barnslig dager kring de hiskliga troféerna. Så mild är skogen.

A PLACE IN THE WOODS

On the way there, a pair of startled wings clattered up; that was all. You go there alone. It's a tall building made entirely of cracks, a building that's constantly swaying but can never collapse. The thousandfold sun drifts in through the cracks. In the play of light, an inverse law of gravity exists: the house is rooted in the sky and whatever falls, falls upward. You can turn around there. You're allowed to grieve there. There, you dare to face certain old truths otherwise kept packed away. My roles down in the depths, they float up there, hanging like the dried skulls in an ancestral hut on some remote Melanesian island. A childlike light surrounds the grisly trophies. That's how mild these woods are.

FUNCHAL

Fiskrestaurangen på stranden, enkel, ett skjul uppfört av skeppsbrutna. Många vänder i dörren men inte vindstötarna från havet. En skugga står i sin rykande hytt och steker två fiskar enligt ett gammalt recept från Atlantis, små explosioner av vitlök, olja som rinner på tomatskivorna. Varje tugga säger att oceanen vill oss väl, ett nynnande från djupen.

Hon och jag ser in i varann. Som att klättra uppför de vilt blommande sluttningarna utan att känna den minsta trötthet. Vi är på djursidan, välkomna, åldras inte. Men vi har upplevt så mycket tillsammans, det minns vi, också stunder då vi inte var mycket värda (som när vi köade för att ge den välmående jätten blod – han hade beordrat transfusion), händelser som skulle ha skilt oss om de inte hade förenat oss, och händelser som vi glömt tillsammans – men de har inte glömt oss! De blev stenar, mörka och ljusa. Stenarna i en förskingrad mosaik. Och nu händer det: skärvorna flyger samman, mosaiken blir till. Den väntar på oss. Den strålar från väggen i hotellrummet, en design våldsam och öm, kanske ett ansikte, vi hinner inte uppfatta allt när vi drar av oss kläderna.

I skymningen går vi ut. Uddens väldiga mörkblå tass ligger slängd i havet. Vi går in i människovirveln, knuffas omkring vänligt, mjuka kontroller, alla pratar ivrigt på det främmande språket. »Ingen människa är en ö.« Vi blir starka av *dem*, men också av oss själva. Av det inom oss som den andre inte kan se. Det som bara kan möta sig själv. Den innersta paradoxen, garageblomman, ventilen mot det goda mörkret. En dryck som bubblar i tomma glas. En högtalare som utsänder tystnad. En gångstig som växer igen bakom varje steg. En bok som bara kan läsas i mörkret.

FUNCHAL

The fish restaurant on the beach, humble, a shack erected by castaways. Many
turn back at the door, but not gusts from the sea. A shadow stands in its smoky
hut and fries two fish according to an old recipe from Atlantis, small explosions of
garlic, oil flowing over the tomato slices. Every bite says the ocean wishes us well,
a humming from the deep.

She and I gaze into each other. Like climbing the wildly blooming slopes
without feeling the slightest fatigue. We're on the animal side, welcome there,
not getting any older. But we've been through so much together, we recall, also
moments when we weren't worth much (like when we stood in line to give the
prosperous giant blood—he'd ordered transfusions), events that would've divided
us had they not united us, and events we've forgotten together—which haven't
forgotten us! They've become stones, dark and light ones. The stones in a
scattered mosaic. And now it's happening: the fragments are flying together, the
mosaic appears. It's waiting for us. It radiates from the hotel room wall, a violent
and tender design, maybe a face, we don't have time to grasp it all while we're
pulling off our clothes.

At dusk we go out. The headland's enormous dark-blue paw drapes over
the sea. We walk in the human vortex, shoved around amicably, gentle controls,
everyone talking eagerly in the foreign tongue. "No person is an island." We gain
strength from *them,* but also from ourselves. From what's within us that the other
can't see. That can only confront itself. The innermost paradox, the garage flower,
porthole to the good darkness. A drink bubbling in an empty glass. A loudspeaker
broadcasting silence. A footpath growing back after every step. A book that can
only be read in the dark.

DET VILDA TORGET / THE WILD MARKET SQUARE

(1983)

KORT PAUS I ORGELKONSERTEN

Orgeln slutar att spela och det blir dödstyst i kyrkan men bara ett par sekunder.
Så tränger det svaga brummandet igenom från trafiken därute, den större orgeln.

Ja vi är omslutna av trafikens mumlande som vandrar runt längs domkyrkans
   väggar.
Där glider yttervärlden som en genomskinlig film och med kämpande skuggor i
   pianissimo.

Som om den ingick bland ljuden från gatan hör jag en av mina pulsar slå i
   tystnaden,
jag hör mitt blod kretsa, kaskaden som gömmer sig inne i mig, som jag går
   omkring med,

och lika nära som mitt blod och lika långt borta som ett minne från fyraårsåldern
hör jag långtradaren som går förbi och får de sexhundraåriga murarna att darra.

Här är så olikt en modersfamn som någonting kan bli, ändå är jag ett barn just nu
som hör de vuxna prata långt borta, vinnarnas och förlorarnas röster flyter ihop.

På de blå bänkarna sitter en gles församling. Och pelarna reser sig som underliga
   träd:
inga rötter (bara det gemensamma golvet) och ingen krona (bara det
   gemensamma taket).

Jag återupplever en dröm. Att jag står på en kyrkogård ensam. Överallt lyser ljung
så långt ögat når. Vem väntar jag på? En vän. Varför kommer han inte? Han är
   redan här.

Sakta skruvar döden upp ljuset underifrån, från marken. Heden lyser allt starkare
   lila –
nej i en färg som ingen sett . . . tills morgonens bleka ljus viner in genom
   ögonlocken

BRIEF PAUSE IN THE ORGAN RECITAL

The organ stops playing and it's dead quiet in the church, but just for a couple of
     seconds.
Then a faint rumbling forces its way in from the traffic out there, the larger organ.

Yes, we're surrounded by the mumbling traffic as it drifts around the cathedral walls.
Where the outer world glides by like a transparent film and with shadows struggling
     in pianissimo.

It's as if among the street sounds, I can hear one of my own pulses beating in
     the silence,
hear my blood circulate, the torrent hiding inside me that I walk around with,

and as near as my blood and as far away as a memory from four years old,
I hear the tractor-trailer driving past that's making these six-hundred-year-old walls
     shake.

This place is as unlike a mother's embrace as anything can be, yet I'm a child right
     now
who hears the grown-ups talking far away, voices of the winners and losers blending
     into one.

On the blue benches, a sparse congregation. And the pillars rise like bizarre trees:
no roots (only the communal floor) and no crown (only the communal roof).

I'm reliving a dream. Where I stand in a cemetery alone. The heather shines
as far as the eye can see. Who am I waiting for? A friend. Why isn't he coming? He's
     already here.

Death slowly turns up the light underneath, from the ground. The heath shines an
     even brighter mauve—
no, a color no one has seen . . . until the morning's pale light wings in through my
     eyelids

och jag vaknar till det där orubbliga KANSKE som bär mig genom den vacklande
    världen.
Och varje abstrakt bild av världen är lika omöjligt som ritningen till en storm.

Hemma stod allvetande Encyklopedin, en meter i bokhyllan, jag lärde mig läsa
    i den.
Men varje människa får sin egen encyklopedi skriven, den växer fram i varje själ,

den skrivs från födelsen och framåt, de hundratusentals sidorna står pressade
    mot varann
och ändå med luft emellan! som de dallrande löven i en skog. Motsägelsernas bok.

Det som står där ändras varje stund, bilderna retuscherar sig själva, orden flimrar.
En svallvåg rullar genom hela texten, den följs av nästa svallvåg, och nästa . . .

and I wake to the adamant PERHAPS that carries me through the faltering world.
And every abstract picture of the world is as impossible as the blueprint of a storm.

At home, the omniscient Encyclopedia took up a yard of bookshelf. I learned to
read in it.
But every person has their own encyclopedia written, which grows out from each
soul,

composed from birth onward, hundreds of thousands of pages pressing into one
another
and yet there's air between them! Like trembling leaves in a forest. A book of
contradictions.

What's inside it is revised by the moment, the images touch themselves up, the
words flicker.
A wave washes through the entire text, followed by the next wave, and the next . . .

FRÅN MARS –79

Trött på alla som kommer med ord, ord men inget språk
for jag till den snötäckta ön.
Det vilda har inga ord.
De oskrivna sidorna breder ut sig åt alla håll!
Jag stöter på spåren av rådjursklövar i snön.
Språk men inga ord.

FROM MARCH OF '79

Tired of all who come with words, words but no language,
I headed for the snow-covered island.
The wild has no words.　　　　　·
Unwritten pages spread out in every direction!
I come upon tracks of roe deer in the snow.
Language but no words.

MINNENA SER MIG

En junimorgon då det är för tidigt
att vakna men för sent att somna om.

Jag måste ut i grönskan som är fullsatt
av minnen, och de följer mig med blicken.

De syns inte, de smälter helt ihop
med bakgrunden, perfekta kameleonter.

De är så nära att jag hör dem andas
fast fågelsången är bedövande.

MEMORIES WATCH ME

A June morning when it's too early
to wake but too late to fall back asleep.

I must go out into the greenness that's filled
with memories, and they follow me with their gaze.

They can't be seen, they blend completely in
with the background, perfect chameleons.

They're so near I can hear them breathing
even though the birdsong is deafening.

VINTERNS BLICK

Jag lutar som en stege och når in
med ansiktet i körsbärsträdets första våning.
Jag är inne i färgernas klocka som ringer av sol.
De svartröda bären gör jag slut på fortare än fyra skator.

Då träffas jag plötsligt av kylan från långt håll.
Ögonblicket svartnar
och sitter kvar som yxans märke i en stam.

Från och med nu är de sent. Vi ger oss av halvspringande
utom synhåll, ner, ner i det antika kloaksystemet.
Tunnlarna. Där vandrar vi i månader,
halvt i tjänst och halvt på flykt.

Kort andakt när någon lucka öppnar sig över oss
och ett svagt ljus faller.
Vi ser uppåt: stjärnhimlen genom avloppsgallret.

WINTER'S GLANCE

I lean like a ladder and reach
with my face into the cherry tree's second floor.
I'm inside the bell of colors that rings with sun.
The black-red berries I polish off faster than four magpies.

Then suddenly I'm struck by a chill from far away.
The moment darkens
and remains like an axe scar on a trunk.

From now on it's late. We take off half-running
out of sight, down, down into the ancient sewer system.
The tunnels. Where we wander for months,
half out of duty and half in flight.

Brief contemplation when some hatch opens above us
and a weak light falls in.
We look up: the starry sky through a drainage grate.

STATIONEN

Ett tåg har rullat in. Här står vagn efter vagn,
men inga dörrar öppnas, ingen går av eller på.
Finns några dörrar ens? Därinne vimlar det
av instängda människor som rör sig av och an.
De stirrar ut genom de orubbliga fönstren.
Och ute går en man längs tåget med en slägga.
Han slår på hjulen, det klämtar svagt. Utom just här!
Här sväller klangen ofattbart: ett åsknedslag,
en domkyrkoklockklang, en världsomseglarklang
som lyfter hela tåget och nejdens våta stenar.
Allt sjunger. Ni ska minnas det. Res vidare!

THE STATION

A train has rolled in. Car after car stands here,
but no doors are opening, no one's getting off or on.
Are there any doors at all? Inside, it's teeming
with closed-in people milling back and forth.
They're staring out through the unyielding windows.
And outside, a man walks along the train with a maul.
He's hitting the wheels, a faint ringing. Except right here!
Here the sound swells unbelievably: a lightningstroke,
a cathedral bell tolling, a round-the-world sound
that lifts the whole train and the region's wet stones.
Everything's singing! You'll remember this. Travel on!

SVAR PÅ BREV

I nedersta byrålådan hittar jag ett brev som första gången kom för tjugosex år sedan. Ett brev i panik, som fortfarande andas när det kommer för andra gången.

Ett hus har fem fönster: genom fyra lyser dagen klar och stilla. Det femte vetter mot en svart himmel, åska och storm. Jag står vid det femte fönstret. Brevet.

Ibland vidgar sig en avgrund mellan tisdag och onsdag men tjugosex år kan passeras på ett ögonblick. Tiden är ingen rak sträcka utan snarare en labyrint, och om man trycker sig mot väggen på rätt ställe kan man höra de skyndande stegen och rösterna, kan man höra sig själv gå förbi där på andra sidan.

Fick det brevet någonsin ett svar? Jag minns inte, det *var* länge sen. Havets oräkneliga trösklar fortsatte att vandra. Hjärtat fortsatte att ta sina språng från sekund till sekund, som paddan i augustinattens våta gräs.

De obesvarade breven samlas högt uppe, som cirro-stratus-moln förebådande oväder. De gör solstrålarna mattare. En gång ska jag svara. En gång då jag är död och äntligen får koncentrera mig. Eller åtminstone så långt härifrån att jag kan återfinna mig själv. När jag går nyanländ i den stora staden, på 125:e gatan, i blåsten på de dansande sopornas gata. Jag som älskar att ströva och försvinna i mängden, en bokstav T i den oändliga textmassan.

ANSWER TO LETTERS

In the bottom drawer I find a letter that arrived for the first time twenty-six years ago. A letter in panic, still breathing when it arrives the second time.

A house has five windows: through four of them the day shines clear and still. The fifth faces a dark sky, thunder and storm. I'm standing at the fifth window. The letter.

Sometimes a chasm opens between Tuesday and Wednesday, while twenty-six years can pass in a blink. Time isn't a straight line, but rather a labyrinth, and if you lean close to the wall in just the right place you can hear the rushing footsteps and voices, can hear yourself walking past on the other side.

Was the letter ever answered? I don't remember; it *was* a long time ago. The ocean's countless thresholds kept on wandering. The heart kept on leaping from second to second, like a toad in the wet grass of an August night.

The unanswered letters gather high up, like cirrostratus clouds foreshadowing bad weather. They weaken the sun's rays. Someday I'll answer. Some day when I'm dead and can finally concentrate. Or I'm at least far enough away from here to find myself again. When I first arrive in the big city, on 125th Street, walking down the breezy avenue of dancing trash. I, who love to roam and vanish in the crowd, a letter T in the infinite mass of text.

ISLÄNDSKA ORKAN

Inget jordskalv men himlabävning. Turner kunde ha målat det, fastsurrad. En ensam vante virvlade förbi nyss, flera kilometer från sin hand. Jag ska ta mig fram i motvind till det där huset på andra sidan fältet. Jag fladdrar i orkanen. Jag är röntgad, skelettet lämnar in sin avskedsansökan. Paniken växer medan jag kryssar, jag går i kvav och drunknar på torra land! Vad det är tungt, allt jag plötsligt har att släpa på, vad det är tungt för fjärilen att bogsera en pråm! Äntligen framme. En sista brottning med dörren. Och nu inne. Och nu inne. Bakom den stora glasrutan. Vilken egendomlig och storslagen uppfinning är inte glaset – att vara nära utan att drabbas ... Ute rusar en hord av genomskinliga sprinters i jätteformat över lavaslätten. Men jag fladdrar inte längre. Jag sitter bakom glaset, stilla, mitt eget porträtt.

ICELANDIC HURRICANE

Not an earthquake, but a skyquake. Turner could've painted it, lashed down.
A lonely glove just whirled past, several miles away from its hand. I'm going to
head upwind to that house over there on the other side of the field. I flap into the
hurricane. I'm being X-rayed, the skeleton submits its resignation. My panic grows
as I cross, I'm foundering, I'm foundering and drowning on dry land! How heavy
it all is, everything I suddenly must lug along, how heavy for the butterfly to tow
a barge! Arrived at last. A final wrestling with the door. And now inside. And now
inside. Behind the large pane of glass. What a strange and magnificent invention
glass is—to be close without being affected . . . Outside, a horde of transparent
sprinters races giant-sized across the lava field. But I'm no longer flapping. I'm
sitting behind the glass, still, my own portrait.

BLÅSIPPORNA

Att förtrollas – ingenting är enklare. Det är ett av markens och vårens äldsta trick: blåsipporna. De är på något vis oväntade. De skjuter upp ur det bruna fjolårsprasslet på förbisedda platser där blicken annars aldrig stannar. De brinner och svävar, ja just svävar, och de beror på färgen. Den där ivriga violettblå färgen väger numera ingenting. Här är extas men lågt i tak. »Karriär« – ovidkommande! »Makt« och »publicitet« – löjeväckande! De ställde visst till med stor mottagning uppe i Nineve, the giordo rusk ok mykit bangh. Högt i tak – över alla hjässor hängde kristallkronorna som gamar av glas. Istället för en sådan överdekorerad och larmande återvändsgränd öppnar blåsipporna en lönngång till den verkliga festen, som är dödstyst.

THE BLUE HEPATICA

To be enchanted—nothing's simpler. One of earth's and spring's oldest tricks: the blue hepatica. They're somehow unexpected. They shoot up out of last year's brown rustlings in overlooked places where your gaze otherwise never lands. They blaze and hover—yes, hover—on account of their color. That fervent violet-blue weighs nothing right now. This is ecstasy, but with a low ceiling. "Career": irrelevant! "Power" and "publicity": absurd! They certainly put on a big reception up in Nineveh: *they made a commotion and a great din.* High-ceilinged—over the crown of every head, crystal chandeliers hung like vultures of glass. Instead of such an over-decorated and noisy dead end, the blue hepatica open a secret passage to the real celebration, quiet as death.

DET BLÅ HUSET

Det är en natt med strålande sol. Jag står i den täta skogen och ser bort mot mitt hus med sina disblåa väggar. Som om jag vore nyligen död och såg huset från en ny vinkel.

Det har stått mer än åtti somrar. Dess trä är impregnerat med fyra gånger glädje och tre gånger sorg. När någon som bott i huset dör målas det om. Den döda personen målar själv, utan pensel, inifrån.

På andra sidan är det öppen terräng. Förr en trädgård, nu förvildad. Stillastående brottsjöar av ogräs, pagoder av ogräs, framvällande text, upanishader av ogräs, en vikingaflotta av ogräs, drakhuvuden, lansar, ett ogräsimperium!

Över den förvildade trädgården flaxar skuggan av en bumerang som kastas gång på gång. Det har samband med en som bodde i huset långt före min tid. Nästan ett barn. En impuls utgår från honom, en tanke, en viljetanke: »skapa . . . rita . . . « För att hinna ut ur sitt öde.

Huset liknar en barnteckning. En ställföreträdande barnslighet som växte fram därför att någon alltför tidigt avsade sig uppdraget att vara barn. Öppna dörren, stig in! Här inne är oro i taket och fred i väggarna. Över sängen hänger en amatörtavla, föreställande ett skepp med sjutton segel, fräsande vågkammar och en vind som den förgyllda ramen inte kan hejda.

Det är alltid så tidigt här inne, det är före vägskälen, före de oåterkalleliga valen. Tack för det här livet! Ändå saknar jag alternativen. Alla skisser vill bli verkliga.

En motor på vattnet långt borta tänjer ut sommarnattens horisont. Både glädje och sorg sväller i daggens förstoringsglas. Vi vet det egentligen inte, men anar det: det finns ett systerfartyg till vårt liv, som går en helt annan trad. Medan solen brinner bakom öarna.

THE BLUE HOUSE

It's a night of glorious sun. I'm standing in the dense forest looking toward my house with its haze-blue walls. As if I had recently died and was seeing the place from a new angle.

It has stood for more than eighty summers. Its wood, impregnated with four times joy and three times sorrow. When someone who lived in the house dies, it gets painted over. The dead person paints it, without a brush, from within.

On the other side, open ground. Formerly a garden, now grown wild. Motionless breakers of weeds, pagodas of weeds, upwelling text, Upanishads of weeds, a Viking flotilla of weeds, dragon heads, lances, an empire of weeds!

The shadow of a boomerang, thrown again and again, flaps above the overrun garden. It has to do with someone who lived in the house long before my time. Almost a child. An impulse flows out from him, a thought, a challenge: "create . . . draw . . ." To escape his fate.

The house looks like a child's drawing. A vicarious childishness that grew up far too soon, because someone abandoned the task of being a child. Open the door, step inside! In here, there's angst in the ceiling and peace in the walls. Hanging over the bed, an amateur painting of a ship with seventeen sails, hissing wave crests and a wind the gilded frame cannot contain.

It's always so early in here, before the fork in the road, before the irrevocable choices. Thank you for this life! Nevertheless, I miss the alternatives. All sketches want to become real.

Far out on the water, an engine lengthens the summer night's horizon. Both joy and sorrow swell in the magnifying glass of dew. We don't actually know this, but can sense it: our life has a sister ship that takes an entirely different route. While the sun blazes behind the islands.

SATELLITÖGON

Marken är sträv, ingen spegel.
Bara de grövsta andarna
kan spegla sig där: Månen
och Istiden.

Kom närmare i drakdiset!
Tunga moln, myllrande gator.
Ett susande regn av själar.
Kaserngårdar.

SATELLITE EYES

The ground is rough, not a mirror.
Only the toughest spirits
can be reflected there: the Moon
and the Ice Age.

Come closer in the dragon haze!
Heavy clouds, crowded streets.
A murmuring rain of souls.
The barracks' courtyards.

NITTONHUNDRAÅTTIO

Hans blick flyttar sig ryckvis över tidningssidan.
Då kommer känslor så frusna att de tas för tankar.
Bara i djup hypnos kunde han bli sitt andra jag,
sin dolda syster, kvinnan som går med de hundratusen
skriande »Död åt schahen!« – fast han redan är död –
ett marscherande svart tält, from och full av hat.
Jihad! Två som aldrig ska mötas tar hand om världen.

NINETEEN HUNDRED EIGHTY

His gaze shifts fitfully over the newspaper page.
Then come feelings so frozen they're taken for thoughts.
Only in deep hypnosis could he be his other I,
his hidden sister, the woman who walks with the hundred thousand
crying "Death to the Shah!"—though he's already dead—
a marching black tent, pious and full of hate.
Jihad! Two who will never meet take charge of the world.

SVARTA VYKORT

I

Almanackan fullskriven, framtid okänd.
Kabeln nynnar folkvisan utan hemland.
Snöfall i det blystilla havet. Skuggor
                    brottas på kajen.

II

Mitt i livet händer att döden kommer
och tar mått på människan. Det besöket
glöms och livet fortsätter. Men kostymen
                    sys i det tysta.

BLACK POSTCARDS

I

The calendar is full, the future unknown.
The cable hums a folk song with no homeland.
Snow falling on the lead-still ocean. Shadows
          wrestling on the dock.

II

In the midst of life, it happens that death comes
and takes a person's measurements. The visit
is forgotten and life goes on. But the suit
        is sewn on the sly.

ELDKLOTTER

Under de dystra månaderna gnistrade mitt liv till bara när jag älskade med dig.
Som eldflugan tänds och slocknar, tänds och slocknar – glimtvis kan man följa
    dess väg
i nattmörkret mellan olivträden.

Under de dystra månaderna satt själen hopsjunken och livlös
men kroppen gick raka vägen till dig.
Natthimlen råmade.
Vi tjuvmjölkade kosmos och överlevde.

FIRE SCRIBBLES

During the dismal months, I sparked to life only when I made love with you.
As the firefly lights and fades out, lights and fades—in glimpses we trace its flight
through the dark night among the olive trees.

During the dismal months, my soul sat shrunken and lifeless
but my body went straight to you.
The night sky lowed.
We secretly milked the cosmos and survived.

MÅNGA STEG

Ikonerna las i jorden med ansiktet uppåt
och jorden trampades till
av hjul och skor, av tusen steg,
av tiotusen tvivlares tunga steg.

I drömmen steg jag ner i en självlysande bassäng under jorden,
en svallande gudstjänst.
Vilken stark längtan! Vilket idiotiskt hopp!
Och över mig trampet av miljoner tvivlare.

MANY STEPS

The icons were laid in the earth face up
and the earth was trampled back down
by wheels and shoes, by a thousand steps,
by ten thousand doubters' heavy steps.

In the dream, I stepped down into a luminous underground pool,
a surging worship.
What powerful yearning! What idiotic hope!
And over me the trampling of millions of doubters.

POSTLUDIUM

Jag släpar som en dragg över världens botten.
Allt fastnar som jag inte behöver.
Trött indignation, glödande resignation.
Bödlarna hämtar sten, Gud skriver i sanden.

Tysta rum.
Möblerna står flygfärdiga i månskenet.
Jag går sakta in i mig själv
genom en skog av tomma rustningar.

POSTLUDE

I drag like a grappling hook over the bottom of the world.
Everything I don't need gets caught.
Tired indignation, burning resignation.
The executioners fetch stones, God writes in the sand.

Quiet rooms.
The furniture's ready to take flight in the moonlight.
I walk slowly into myself
through a forest of empty armor.

DRÖMSEMINARIUM

Fyra miljarder människor på jorden.
Och alla sover, alla drömmer.
I varje dröm trängs ansikten och kroppar –
de drömda människorna är fler än vi.
Men de tar ingen plats . . .
Det händer att du somnar på teatern.
Mitt under pjäsen sjunker ögonlocken.
En kort stunds dubbelexponering: scenen
där framme överflyglas av en dröm.
Sen finns det ingen scen mer, den är du.
Teatern i det ärliga djupet!
Mysteriet med den överansträngde
teaterdirektören!
De ständiga nyinstuderingarna . . .
Ett sovrum. Det är natt.
Den mörka himlen flyter genom rummet.
Den bok som någon somnade ifrån
är fortfarande uppslagen
och ligger skadskjuten på sängkanten.
Den sovandes ögon rör sig,
de följer den bokstavslösa texten
i en annan bok –
illuminerad, ålderdomlig, snabb.
En hisnande commedia som präntas
innanför ögonlockens klostermurar.
Ett enda exemplar. Det finns just nu!
I morgon är alltsammans utstruket.
Mysteriet med det stora slöseriet!
Utplåningen . . . Som när turisten hejdas
av misstänksamma män i uniform –
de öppnar kameran, rullar ut hans film
och låter solen döda bilderna:

DREAM SEMINAR

Four billion people on Earth.
And all of them sleep, all of them dream.
Every dream is crowded with faces and bodies—
there are more dreamed people than us.
But they don't take up any space . . .
You might happen to fall asleep at the theater.
In the middle of the play, your eyelids sink.
A moment's double exposure: the scene
up there is overlaid with a dream.
Then there's no scene anymore, there's you.
The theater in its honest depths!
The mystery of the overworked
stage manager!
The interminable new rehearsals . . .
A bedroom. It's night.
The dark sky flows through the room.
The book that someone fell asleep to
is still spread open
and lies wounded on the edge of the bed.
The sleeper's eyes are moving,
they're following the letterless text
in another book—
illuminated, archaic, quick.
A breathtaking comedy that's printed
behind the eyelids' monastery walls.
A single copy. It's right here and now!
Tomorrow it will all be deleted.
The mystery of the great extravagance!
Obliteration . . . Like when the tourist is stopped
by men in uniform—suspicious,
they open the camera, unroll his film
and let the sun kill the pictures:

så mörkläggs drömmarna av dagens ljus.
Utplånat eller bara osynligt?
Det finns ett utom-synhåll-drömmande
som alltid pågår. Ljus för andra ögon.
En zon där krypande tankar lär sig gå.
Ansikten och gestalter omgrupperas.
Vi rör oss på en gata, bland människor
i solgasset.
Men lika många eller fler
som vi inte ser
finns inne i de mörka byggnader
som reser sig på båda sidorna.
Ibland går någon av dem fram till fönstret
och kastar en blick ner på oss.

so the dreams are blacked out by the light of day.
Obliterated or just invisible?
There's an out-of-sight dreaming
always going on. Light for other eyes.
A zone where crawling thoughts learn to walk.
Faces and figures are regrouped.
We're moving along a street, among people
in the blazing sun.
But there are just as many or more
we don't see
who are inside the dark buildings
that rise up on either side.
Sometimes one of them goes to the window
and glances down at us.

CODEX

Fotnoternas män, inte rubrikernas. Jag befinner mig i den djupa korridoren.

som skulle varit mörk

om inte min högra hand lyste som en ficklampa.

Ljuset faller på något som skrivits på väggen

och jag ser det

som dykaren ser det sjunkna skrovets namn flimra emot sig i det strömmande
      djupet:

ADAM ILEBORGH 1448. Vem?

Han som fick orgeln att breda ut sina klumpiga vingar och stiga –

den höll sig svävande närapå en minut.

Vilket lyckat experiment!

Skrivet på väggen: MAYONE, DAUTHENDEY, KAMINSKI . . . Ljuset faller på namn
      efter namn.

Väggarna är fullklottrade.

Det är nästan utplånade konstnärernas namn

fotnoternas människor, de ospelade, de halvglömda, de odödliga okända.

Ett ögonblick känns det som om de alla viskar sina namn på en gång –

viskning adderad till viskning till en brottsjö som störtar korridoren fram

utan att slå omkull någon.

Förresten är det inte längre en korridor.

Varken begravningsplats eller marknadstorg men något av bägge.

Det är även ett växthus.

Här finns massor med syre.

Fotnoternas döda kan andas djupt, de ingår i ekosystemet som förut.

Men det är mycket de slipper!

De slipper svälja maktens moral,

de slipper det svart- och vitrutiga spelet där likstanken är det enda som aldrig dör.

De rehabiliteras.

Och de som inte längre kan ta emot

har inte upphört med att ge.

CODEX

The men in the footnotes, not the headlines. I find myself in the deep corridor.
Which would have been dark,
if not for my right hand shining like a flashlight.
The light falls on something written on the wall
and I see it
the way a diver sees the sunken hull's name shimmering out from the flowing
     depths:
ADAM ILEBORGH 1448. Who?
The one who got the organ to spread its clumsy wings and rise—
it managed to stay aloft for almost a minute.
What a successful experiment!
Written on the wall: MAYONE, DAUTHENDEY, KAMINSKI . . . The light falls on
     name after name.
The walls are covered with scrawl,
the all-but-obliterated names of the artists,
the footnoted ones, the unplayed, the half-forgotten, the immortal unknown.
For a moment, it feels like they're all whispering their names at once—
whisper upon whisper swelling into a breaker that rushes along the corridor
without knocking anyone down.
After all, it's not a corridor anymore.
Nor a graveyard or market square, but something of both.
It's also a greenhouse.
There's plenty of oxygen here.
The footnoted dead can breathe deeply, they're part of the ecosystem just like
     before.
But there's so much they are spared!
They're spared from swallowing the morality of power,
spared the black-and-white-checkered game where the stench of corpses is the
     only thing that never dies.
They're rehabilitated.
And those who can no longer receive
haven't ceased to give.

De rullade ut den strålande och svårmodiga gobelängen ett stycke
och släppte taget sen.
Somliga är anonyma, de är mina vänner
men jag känner dem inte, de liknar de där sten människorna
som finns uthuggna på gravhällar i gamla kyrkor.
Milda eller stränga reliefer i väggar som vi snuddar vid, figurer och namn
insjunkna i stengolven, på väg att utplånas.
Men de som verkligen vill strykas från listan . . .
De stannar inte i fotnoternas region,
de går in i den nedåtgående karriären som slutar i glömska och fred.
Den totala glömskan. Det är en sorts examen
som avläggs i det tysta: att gå över gränsen ingen märker det . . .

They unrolled the dazzling and melancholy tapestry a bit
and then released their grip.
Some are anonymous, they're my friends
though I don't know them—they're like those stone people
carved on burial slabs in old churches.
Gentle or stern reliefs on walls we brush against, figures and names
sunk into the stone floor, on the verge of being erased.
But the ones who really want to be removed from the list . . .
They don't stay in the footnote's domain,
they enter a declining career that ends in oblivion and peace.
Total oblivion. It's a kind of degree
achieved in silence: to cross over the border without being seen . . .

CARILLON

Madame föraktar sina gäster därför att de vill bo på hennes sjaskiga hotell.
Jag har hörnrummet på andra våningen: en usel säng, en glödlampa i taket.
Egendomligt nog tunga draperier där en kvarts miljon osynliga kvalster är
      på marsch.

Utanför drar en gågata förbi
med långsamma turister, snabba skolungar, arbetsklädda män som leder
      skramlande cyklar.
De som tror att de får jorden att snurra och de som tror att de hjälplöst snurrar i
      jordens grepp.
En gata där vi all går, var mynnar den ut?

Rummets enda fönster vetter mot någonting annat: Det Vilda Torget,
en mark som jäser, en stor skälvande yta, ibland full av folk och ibland öde.

Det jag har inombords materialiseras där, all skräck, alla förhoppningar.
Allt det otänkbara som ändå skall hända.

Jag har låga stränder, om döden stiger två decimeter översvämmas jag.

Jag är Maximilian. Året är 1488. Jag hålls inspärrad här i Brügge
därför att mina fiender är rådvilla –
de är onda idealister och vad de gjort på fasornas bakgård kan jag inte beskriva,
      kan inte förvandla blod till bläck.

Jag är också mannen i overall som drar sin skramlande cykel nere på gatan.

Jag är också den som syns, turisten som går och stannar upp, går och stannar upp
och låter blicken vandra över de gamla målningarnas månbrända bleka ansikten
      och svallande tyg.

CARILLON

Madam despises her guests because they choose to stay in her shabby hotel.
I have the corner room on the third floor: a lousy bed, lightbulb on the ceiling.
Oddly enough, heavy drapes where a quarter-million invisible mites are on
      the march.

Outside, a pedestrian street
with slow tourists, quick schoolchildren, men in work clothes pushing their rattling
      bikes.
Those who believe they make the earth spin, and those who believe they spin
      helplessly in earth's grip.
A street where we all walk, where does it lead?

The room's only window faces something else: The Wild Market Square,
a ground that ferments, a large trembling space, at times crowded and at times
      desolate.

What I hold inside materializes there, all the fear, all the hope.
All the unthinkable that will nevertheless occur.

I have low flood banks, if death rises by half a foot I'm swamped.

I'm Maximilian. The year is 1488. I'm being detained here in Bruges
because my enemies are irresolute—
they're evil idealists and what they've enacted in terror's backyard I can't describe,
      can't turn blood into ink.

I'm also the man in overalls wheeling his rattling bike down the street.

And I'm the one who's visible, the tourist who walks and pauses, walks and pauses,
allowing his gaze to wander over the pale, moonburnt faces and flowing cloth of
      old paintings.

Ingen bestämmer vart jag ska gå, allra minst jag själv, ändå är varje steg där det
måste.
Att gå omkring i de fossila krigen där alla är osårbara därför att alla är döda!

De dammiga lövmassorna, murarna med sina gluggar, trädgårdsgångarna där
förstenade tårar knastrar under klackarna . . .

Oväntat som om jag klivit på en snubbeltråd sätter klockspelet igång i det
anonyma tornet.
Carillon! Säcken spricker upp i sömmarna och tonerna rullar ut över Flandern.
Carillon! Klockornas kuttrande järn, psalm och slagdänga, allt i ett, och darrande
skrivet i luften.
Darrhänta doktorn skrev ut ett recept som ingen kan tyda men handstilen känns
igen . . .

Över tak och torg, gräs och gröda
ringer klockorna mot levande och döda.
Svårt att skilja på Krist och Antikrist!
Klockorna flyger oss hem till sist.

De har tystnat.

Jag är tillbaka på hotellrummet: sängen, lampan, draperierna. Det hörs konstiga
ljud här, källaren släpar sig uppför trapporna.

Jag ligger på sängen med armarna utbredda.
Jag är ett ankare som grävt ner sig ordentligt och håller kvar
den väldiga skuggan som flyter där ovan,
det stora okända som jag är en del av och som säkert är viktigare än jag.

Utanför drar gågatan förbi, gatan där mina steg dör bort och likaså det skrivna, mitt
förord till tystnaden, min avigvända psalm.

No one decides where I should go, least of all myself, yet every step is where it
     must be.
To walk around in the fossil wars, where everyone's invincible because everyone's
     dead!

The dusty leaf piles, the walls with their gaps, the garden paths where petrified
     teardrops crunch underfoot . . .

Unexpectedly, as if I'd stepped on a tripwire, bells begin ringing in the anonymous
     tower.
Carillon! The sack splits at the seams and the tones unroll over Flanders.
Carillon! The bells are cooing iron, psalm and popular song, all in one, and written
     in the air, trembling.
The shaky-handed doctor scrawled a prescription no one can decipher, but the
     writing is recognized . . .

Over rooftops and markets, grasses and harvests,
the bells ring for the living and the dead.
Hard to distinguish Christ from Antichrist!
The bells fly us home in the end.

They've gone quiet.

I'm back in the hotel room: the bed, the lightbulb, the drapes. There are strange
     sounds here, the cellar is dragging itself up the stairs.

I'm lying in bed with my arms spread wide.
I'm an anchor that's firmly dug in and holds
the mighty shadow floating overhead,
the great unknown that I'm part of and that's surely more important than me.

Outside, the pedestrian street, the street where my steps die away and likewise
     what is written, my preface to the silence, my inside-out psalm.

MOLOKAI

Vi står vid branten och i djupet under oss glimmar hustaken i spetälskekolonin.

Nerstigningen kan vi klara men vi hinner aldrig uppför branterna igen före mörkret.

Därför vänder vi tillbaka genom skogen, går bland träd med långa blåa barr.

Här är tyst, det är en tystnad som när höken kommer.

Det är en skog som förlåter allt men ingenting glömmer.

Damien, i kärlek, valde livet och glömskan. Han fick döden och berömmelsen.

Men vi ser de där händelserna från fel håll: ett sten-röse istället för sfinxens ansikte.

MOLOKAI

We stand at the precipice and in the depths below us the leper colony's rooftops
glimmer.
We can make the descent, but we'll never have time to climb up again before dark.
So we turn back through the woods, walking among trees with long blue needles.
It's silent here, like the silence when a hawk arrives.
This is a forest that forgives everything, but forgets nothing.
Damien, in love, chose life and oblivion. He got death and renown.
But we see those events from the wrong side: a stone cairn instead of the sphinx's
face.

FÖR LEVANDE OCH DÖDA /
FOR THE LIVING AND THE DEAD
(1989)

DEN BORTGLÖMDE KAPTENEN

Vi har många skuggor. Jag var på väg hem
i septembernatten då Y
klev upp ur sin grav efter fyrti år
och gjorde mig sällskap.

Först var han alldeles tom, bara ett namn
men hans tankar sam
fortare än tiden rann
och hann upp oss.

Jag satte hans ögon till mina ögon
och såg krigets hav.
Den sista båten han förde
växte fram under oss.

Framför och bakom kröp atlantkonvojens fartyg
de som skulle överleva
och de som fått Märket
(osynligt för alla)

medan sömnlösa dygn avlöste varann
men aldrig honom –
flytvästen satt under oljerocken.
Han kom aldrig hem.

Det var en invärtes gråt som förblödde honom
på ett sjukhus i Cardiff.
Han fick äntligen lägga sig ner
och förvandlas till horisont.

Adjö elvaknopskonvojer! Adjö 1940!
Här slutar världshistorien.

THE FORGOTTEN CAPTAIN

We have many shadows. I was on my way home
one September night when Y
climbed out of his grave after forty years
and kept me company.

At first he was completely blank, just a name
but his thoughts swam
faster than time ran
and caught up to us.

I put his eyes into my eyes
and saw the war's sea.
The last boat he commanded
rose up from under us.

Ahead and behind, the Atlantic convoy crept,
those who would survive
and those who'd been given The Mark
(invisible to all)

while sleepless hours relieved each other
but never him—
the life vest snug under his oilskin coat.
He never came home.

It was internal crying that bled him to death
in a Cardiff hospital.
He finally got to lie down
and turn into the horizon.

Farewell eleven-knot convoys! Farewell 1940!
Here's where world history ends.

Bombplanen blev hängande.
Ljunghedarna blommade.

Ett foto från början av seklet visar en strand.
Där står sex uppklädda pojkar.
De har segelbåtar i famnen.
Vilka allvarliga miner!

Båtarna som blev livet och döden för några av dem.
Och att skriva om de döda
är också en lek, som blir tung
av det som ska komma.

Bombers hung in the air.
Heather bloomed in the moors.

A photo from early in the century shows a beach.
Six well-dressed boys standing there.
They have sailboats in their arms.
What serious expressions!

The boats that became life and death for some of them.
And to write about the dead
is also a game, made heavy
by what is yet to come.

SEX VINTRAR

1

I det svarta hotellet sover ett barn.
Och utanför: vinternatten
där de storögda tärningarna rullar.

2

En elit av döda förstenades
på Katarina kyrkogård
där vinden skakar i sin rustning från Svalbard.

3

En krigsvinter då jag låg sjuk
växte en ofantlig istapp utanför fönstret.
Granne och harpun, minne utan förklaring.

4

Is hänger ned från takets kant.
Istappar: den upp och nervända gotiken.
Abstrakt boskap, juver av glas.

5

På ett sidospår en tom järnvägsvagn.
Stilla. Heraldisk.
Med resorna i sina klor.

SIX WINTERS

1

In the black hotel, a child sleeps.
And outside: the winter night
where the wide-eyed dice roll.

2

An elite of dead has been petrified
in Katarina Cemetery
where the wind shakes in its armor from Svalbard.

3

One war-winter as I lay sick
an enormous icicle grew outside my window.
Neighbor and harpoon, memory without explanation.

4

Ice hangs from the edge of the roof.
Icicles: the Gothic turned upside down.
Abstract cattle, udders of glass.

5

An empty railway car on a side track.
Quiet. Heraldic.
With voyages in its claws.

6

Ikväll snödis, månsken. Månskensmaneten själv
svävar framför oss. Våra leenden
på väg hemåt. Förhäxad allé.

6

Tonight snow-haze, moonlight. Moonlight's jellyfish itself
is floating before us. Our smiles
on the way home. Bewitched passageway.

NÄKTERGALEN I BADELUNDA

I den gröna midnatten vid näktergalens nordgräns. Tunga löv hänger i trance, de döva bilarna rusar mot neonlinjen. Näktergalens röst stiger inte åt sidan, den är lika genomträngande som en tupps galande, men skön och utan fåfänga. Jag var i fängelse och den besökte mig. Jag var sjuk och den besökte mig. Jag märkte den inte då, men nu. Tiden strömmar ned från solen och månen och in i alla tick tack tick tacksamma klockor. Men just här finns ingen tid. Bara näktergalens röst, de råa klingande tonerna som slipar natthimlens ljusa lie.

THE NIGHTINGALE IN BADELUNDA

In the green midnight at the nightingale's northern limit. Heavy leaves hang in a trance, the deaf cars rush toward the neon line. The nightingale's voice doesn't step aside; it's as piercing as a crowing rooster, but pleasant and without conceit. I was in prison and it visited me. I was sick and it visited me. I didn't notice it then, but I do now. Time flows down from the sun and moon and into all the tick tock tick thankful clocks. But right here time doesn't exist. Just the nightingale's voice, those raw ringing notes that whet the night sky's bright scythe.

ALKAISKT

En skog i maj. Här spökar mitt hela liv:
　　　det osynliga flyttlasset. Fågelsång.
　　　　　I tysta gölar mygglarvernas
　　　　　　　ursinnigt dansande frågetecken.

Jag flyr till samma platser och samma ord.
　　　Kall bris från havet, isdraken slickar mig
　　　　　i nacken medan solen gassar.
　　　　　　　Flyttlasset brinner med svala lågor.

ALCAIC

This forest in May. It haunts my whole life:
    the invisible cargo load. Singing birds.
        In silent pools, mosquito larvae's
            furiously dancing question marks.

I escape to the same places and same words.
    Cold breeze from the sea, the ice dragon's licking
        the back of my neck while the sun glares.
            The cargo load is burning with cool flames.

BERCEUSE

Jag är en mumie som vilar i skogarnas blåa kista, i det ständiga bruset av motor
och gummi och asfalt.

Det som hänt under dagen sjunker, läxorna är tyngre än livet.

Skottkärran rullade fram på sitt enda hjul och själv färdades jag på mitt snurrande
psyke, men nu har tankarna slutat gå runt och skottkärran fått vingar.

Långt om länge, då rymden är svart, ska ett flygplan komma. Passagerarna ska se
städerna under sig glittra som goternas guld.

LULLABY

I am a mummy who rests in the forests' blue coffin, in the incessant roar of motor
and rubber and asphalt.

What happened during the day sinks, the lessons are heavier than life.

The wheelbarrow rolled forward on its one wheel and I traveled in my spinning
psyche, but now my thoughts have stopped going around and the
wheelbarrow has grown wings.

At long last, when the sky is black, an airplane will come. The passengers will see
the cities below them glittering like the Goths' gold.

GATOR I SHANGHAI

1

Den vita fjärilen i parken blir läst av många.
Jag älskar den där kålfjärilen som om den vore ett fladdrande hörn av sanningen
    själv!

I gryningen springer folkmassorna igång vår tysta planet.
Då fylls parken av människor. Åt var och en åtta ansikten polerade som jade, för
    alla situationer, för att undvika misstag.
Åt var och en också det osynliga ansiktet som speglar »något man inte talar om«.
Något som dyker upp i trötta stunder och är fränt som en klunk huggormsbrännvin
    med den långa fjälliga eftersmaken.

Karparna i dammen rör sig ständigt, de simmar medan de sover, de är föredömen
    för den troende: alltid i rörelse.

2

Det är mitt på dagen. Tvättkläderna fladdrar i den gråa havsvinden högt över
    cyklisterna
som kommer i täta stim. Lägg märke till sidolabyrinterna!

Jag är omgiven av skrivtecken som jag inte kan tyda, jag är alltigenom analfabet.
Men jag har betalat det jag skulle och har kvitto på allt.
Jag har samlat på mig så många oläsliga kvitton.
Jag är ett gammalt träd med vissna löv som hänger kvar och inte kan falla till
    marken.

Och en pust från havet får alla dessa kvitton att rassla.

STREETS IN SHANGHAI

1

The white butterfly in the park is being read by many.
I love that cabbage butterfly as if it were a fluttering corner of truth itself!

At dawn the running crowds set our quiet planet in motion.
Then the park fills with people. To each one, eight faces polished like jade, for all
       situations, to avoid making mistakes.
To each one, there's also the invisible face reflecting "something you don't talk
       about."
Something that appears in tired moments and is as rank as a gulp of viper
       schnapps with its long, scaly aftertaste.

The carp in the pond move continuously, swimming while they sleep, setting an
       example for the faithful: always in motion.

2

It's midday. Laundry flutters in the gray sea wind high over the cyclists
who arrive in dense shoals. Notice the labyrinths on each side!

I'm surrounded by written characters I can't interpret, I'm illiterate through and
       through.
But I've paid what I owe and have receipts for everything.
I've accumulated so many illegible receipts.
I'm an old tree with withered leaves that hang on and can't fall to earth.

And a gust from the sea gets all these receipts rustling.

3

I gryningen trampar människomassorna igång vår tysta planet.
Vi är alla ombord på gatan, det är trängsel som på en färjas däck.
Vart är vi på väg? Räcker temuggarna? Vi kan skatta oss lyckliga som hann
　　　ombord på den här gatan!
Det är tusen år före klaustrofobins födelse.

Bakom var och en som går här svävar ett kors som vill hinna upp oss, gå förbi oss,
　　　förena sig med oss.
Någonting som vill smyga sig på oss bakifrån och hålla för ögonen på oss och
　　　viska »gissa vem det är!«

Vi ser nästan lyckliga ut i solen, medan vi förblöder ur sår som vi inte vet om.

3

At dawn the trampling hordes set our quiet planet in motion.
We're all aboard the street, and it's as crammed as the deck of a ferry.
Where are we headed? Are there enough teacups? We should consider ourselves
      lucky to have made it aboard this street!
It's a thousand years before the birth of claustrophobia.

Hovering behind each of us who walks here is a cross that wants to catch up with
      us, pass us, unite with us.
Something that wants to sneak up on us from behind, put its hands over our eyes
      and whisper "Guess who!"

We look almost happy out in the sun, while we bleed to death from wounds we
      don't know about.

DJUPT I EUROPA

Jag mörka skrov flytande mellan två slussportar
vilar i sängen på hotellet medan staden omkring vaknar.
Det tysta larmet och grå ljuset strömmar in
och lyfter mig sakta till nästa nivå: morgonen.

Avlyssnad horisont. De vill säga något, de döda.
De röker men äter inte, de andas inte men har rösten kvar.
Jag kommer att skynda genom gatorna som en av dem.
Den svartnade katedralen, tung som en måne, gör ebb och flod.

DEEP IN EUROPE

I, a dark hull floating between two floodgates
rest in bed at the hotel while the surrounding city wakes.
The quiet din and the gray light pour in,
lifting me gently to the next level: morning.

Wiretapped horizon. They want to say something, the dead.
They smoke but don't eat, they don't breathe but can still speak.
I'll hurry through the streets like one of them.
The blackened cathedral, heavy as a moon, causes the ebb and flow.

FLYGBLAD

Det tysta raseriet klottrar på väggen inåt.
Fruktträd i blom, göken ropar.
Det är vårens narkos. Men det tysta raseriet
målar sina slagord baklänges i garagen.

Vi ser allt och ingenting, men raka som periskop
hanterade av underjordens skygga besättning.
Det är minuternas krig. Den gassande solen
står över lasarettet, lidandets parkering.

Vi levande spikar nedhamrade i samhället!
En dag skall vi lossna från allt.
Vi skall känna dödens luft under vingarna
och bli mildare och vildare än här.

LEAFLET

The silent rage scribbles on the inward wall.
Fruit trees in bloom, the cuckoo calls out.
This is spring's narcosis. But the silent rage
paints its slogans backwards in garages.

We see all and nothing, but straight as periscopes
handled by the underworld's timid crew.
It's the war of minutes. The broiling sun
stands over the hospital, suffering's parking lot.

We the living nails hammered down in society!
One day we'll come loose from everything.
We'll feel death's air under our wings
and be milder and wilder than we are here.

INOMHUSET ÄR OÄNDLIGT

Det är våren 1827. Beethoven
hissar sin dödsmask och seglar.

Europas väderkvarnar mal.
Vildgässen flyger mot norr.

Här är norr, här är Stockholm
simmande palats och ruckel.

Vedträna i den kungliga brasan
rasar ihop från givakt till lediga.

Det råder fred vaccin och potatis
men stadens brunnar andas tungt.

Dasstunnor i bärstol som paschor
färdas om natten över Norrbro.

Kullerstenarna får dem att vackla
mamseller lodare fina herrar.

Obönhörligt stilla är skylten
med den rökande morianen.

Så många öar, så många roende
med osynliga åror motströms!

Farlederna öppnar sig, april maj
och ljuva honungsdreglande juni.

Hettan kommer till öar långt ute.
Byns dörrar står öppna, utom en.

THE INDOORS IS INFINITE

It's spring 1827. Beethoven
raises his death mask and sails.

Europe's windmills grind on.
The wild geese fly north.

Here is north, here is Stockholm:
floating palaces and hovels.

Logs in the royal bonfire
collapse from attention to at-ease.

There's peace, vaccine, and potatoes
but the city's wells are breathing hard.

Outhouse barrels on litters are hauled
like pashas over the North Bridge by night.

The cobblestones make them stagger,
mademoiselles loiterers gentlemen.

Inexorably silent, that sign
with the smoking *morianen.*

So many islands, so many rowing
against the current with invisible oars!

The sea-lanes are opening, April May
and sweet honey-drooling June.

The heat reaches the farthest islands.
The village doors are open, except one.

Ormklockans visare slickar tystnaden.
Hällarna lyser med geologins tålamod.

Det hände så eller nästan så.
Det är en dunkel släkthistoria

om Erik, förgjord av ett trollskott
invalid efter en kula genom själen.

Han for till staden, mötte en fiende
och seglade hem sjuk och grå.

Den sommaren blir han liggande.
Redskapen på väggarna sörjer.

Han ligger vaken, hör nattflynas
månskenskamraternas yllefladder.

Kraften sinar, han stöter förgäves
mot den järnbeslagna morgondagen.

Och djupets Gud ropar ur djupet
»Befria mig! Befria dig själv!«

All ytans handling vänder sig inåt.
Han tas isär, han fogas ihop.

Det blåser upp och törnrosbuskarna
hakar sig fast vid ljuset som flyr.

Framtiden öppnar sig, han ser in
i det självskakande kaleidoskopet

ser otydliga fladdrande ansikten
som hör till kommande släkten.

The snake-clock's hands lick the silence.
Stone slabs shine with geology's patience.

It happened like this or almost like this.
It's a mysterious family saga

about Erik, jinxed by a painful curse,
crippled by a bullet through his soul.

He traveled to the city, met an enemy
and sailed home sick and gray.

That summer he's bedridden.
The tools on the walls lament.

He lies awake listening to night moths,
the woolly flutter of moonlight's comrades.

His strength fading, he knocks in vain
against the ironclad tomorrow.

And the God of the deep calls out from the deep
"Set me free! Set yourself free!"

All the surface action turns inward.
He's taken apart, put back together.

The wind picks up and the briar roses
snag on the fleeing light.

The future opens, he looks into
the self-revolving kaleidoscope

and sees the blurry fluttering faces
of generations yet to come.

I misshugg träffar mig hans blick
medan jag går omkring just här

i Washington bland mäktiga hus
där bara varannan pelare håller.

Vita byggnader i krematoriestil
där de fattigas dröm blir aska.

Den mjuka sluttningen börjar stupa
och omärkligt förvandlas till avgrund.

By mistake, his gaze lands on me
as I walk around right here

in Washington, among mighty houses
where only every other pillar bears weight.

White buildings in crematorium style
where the dream of the poor turns to ash.

The gentle slope begins a steep descent
and imperceptibly becomes an abyss.

VERMEER

Ingen skyddad värld . . . Strax bakom väggen börjar larmet
börjar värdshuset
med skratt och kvirr, tandrader tårar klockornas dån
och den sinnesrubbade svågern, dödsbringaren som alla måste darra för.

Den stora explosionen och räddningens försenade tramp
båtarna som kråmar sig på redden, pengarna som kryper ner i fickan på fel man
krav som staplas på krav
gapande röda blomkalkar som svettas föraningar om krig.

Därifrån och tvärs genom väggen in i den klara ateljén
in i sekunden som får leva i århundraden.
Tavlor som kallar sig »Musiklektionen«
eller »Kvinna i blått som läser ett brev« –
hon är åttonde månaden, två hjärtan sparkar i henne.
På väggen bakom hänger en skrynklig karta över Terra Incognita.

Andas lugnt . . . En okänd blå materia är fastnaglad vid stolarna.
Guldnitarna flög in med oerhörd hastighet
och tvärstannade
som om de aldrig varit annat än stillhet.

Det susar i öronen av antingen djup eller höjd.
Det är trycket från andra sidan väggen.
Det får varje faktum att sväva
och gör penseln stadig.

Det gör ont att gå genom väggar, man blir sjuk av det
men det är nödvändigt.
Världen är en. Men väggar . . .
Och väggen är en del av dig själv –
man vet det eller vet det inte men det är så för alla
utom för små barn. För dem ingen vägg.

VERMEER

No sheltered world . . . Right behind the wall the noise begins,
the tavern begins
with laughter and complaint, rows of teeth, tears, clanging bells
and the deranged brother-in-law, the bringer of death we all must tremble for.

The great explosion and the delayed trampling of rescuers,
boats strutting at anchor, money creeping down into the pocket of the wrong man,
demands heaped on demands
gaping red blossom-cups sweating premonitions of war.

And from there straight through the wall into the bright studio,
into the second that goes on living for centuries.
Paintings that call themselves *The Music Lesson*
or *Woman in Blue Reading a Letter—*
she's eight months along, two hearts kicking inside her.
On the wall behind her hangs a wrinkled map of Terra Incognita.

Breathe calmly . . . An unfamiliar blue material is nailed to the chairs.
The gold rivets flew in with extraordinary speed
and stopped dead
as if they had never been anything but stillness.

The ears ring from either depth or height.
It's the pressure from the other side of the wall.
It sets every fact afloat
and steadies the brush.

It hurts to go through walls, and makes you sick
but it's necessary.
The world is one. But walls . . .
And the wall is part of you—
whether you know it or not, it's the same for everyone,
except small children. For them, no wall.

Den klara himlen har ställt sig på lut mot väggen.
Det är som en bön till det tomma.
Och det tomma vänder sitt ansikte till oss
och viskar
»Jag är inte tom, jag är öppen.«

The clear sky has leaned against the wall.
It's like a prayer to the emptiness.
And the emptiness turns its face to us
and whispers
"I am not empty, I am open."

ROMANSKA BÅGAR

Inne i den väldiga romanska kyrkan trängdes turisterna i halvmörkret.
Valv gapande bakom valv och ingen överblick.
Några ljuslågor fladdrade.
En ängel utan ansikte omfamnade mig
och viskade genom hela kroppen:
»Skäms inte för att du är människa, var stolt!
Inne i dig öppnar sig valv bakom valv oändligt.
Du blir aldrig färdig, och det är som det skall.«
Jag var blind av tårar
och föstes ut på den solsjudande piazzan
tillsammans med Mr. och Mrs. Jones, Herr Tanaka och Signora Sabatini
och inne i dem alla öppnade sig valv bakom valv oändligt.

ROMANESQUE ARCHES

Inside the enormous Romanesque church, tourists crammed into the half darkness.
Vault opening behind vault and no view of the whole.
Several candle flames flickered.
An angel without a face embraced me
and whispered through my whole body:
"Don't feel ashamed that you're human, be proud!
Inside you, vault behind vault opens endlessly.
You'll never be complete, and that's how it should be."
I was blind with tears
and driven out into the sun-simmering piazza
together with Mr. and Mrs. Jones, Mr. Tanaka, and Signora Sabatini
and inside each of them vault behind vault opened endlessly.

EPIGRAM

Kapitalets byggnader, mördarbinas kupor, honung för de få.
Där tjänade han. Men i en mörk tunnel vecklade han ut sina vingar
och flög när ingen såg. Han måste leva om sitt liv.

EPIGRAM

Capitalist buildings, hives of the killer bees, honey for the few.
Where he served. But in a dark tunnel he unfurled his wings
and flew when no one was looking. He had to live his life again.

KVINNOPORTRÄTT – 1800-TAL

Rösten kvävs i klänningen. Hennes ögon
följer gladiatorn. Och sedan står hon
på arenan själv. Är hon fri? En guldram
                              gastkramar tavlan.

PORTRAIT OF A WOMAN, 19TH CENTURY

Her voice is smothered by the dress. Her eyes
follow the gladiator. And then she's standing
in the arena herself. Is she free? A gilt frame
                          seizes the painting.

MEDELTIDA MOTIV

Under vårt förtrollande minspel väntar
alltid kraniet, pokeransiktet. Medan
solen sakta rullar förbi på himlen.
                    Schackspelet pågår.

Ett frisörsaxklippande ljud från snåren.
Solen rullar sakta förbi på himlen.
Schackpartiet avstannar i remi. I
                    regnbågens tystnad.

MEDIEVAL MOTIF

Beneath our enchanting facial expressions
the skull always waits, the poker face. While
the sun slowly rolls past in the sky.
          The chess match is in progress.

A hairdresser's scissoring sound from the bushes.
The sun rolls slowly past in the sky.
The chess game ends in a draw. In
          the rainbow's silence.

AIR MAIL

På jakt efter en brevlåda
bar jag brevet genom stan.
I storskogen av sten och betong
fladdrade denna vilsna fjäril.

Frimärkets flygande matta
adressens raglande bokstäver
plus min förseglade sanning
just nu svävande över havet.

Atlantens krypande silver.
Molnbankarna. Fiskebåten
som en utspottad olivkärna.
Och kölvattnets bleka ärr.

Här nere går arbetet sakta.
Jag sneglar ofta på klockan.
Trädskuggorna är svarta siffror
i den giriga tystnaden.

Sanningen finns på marken
men ingen vågar ta den.
Sanningen ligger på gatan.
Ingen gör den till sin.

AIRMAIL

On a hunt for a mailbox
I carried the letter through town.
In the great forest of stone and concrete
this lost butterfly fluttered.

The stamp's flying carpet
the address's reeling letters
plus my sealed-in truth
now winging over the ocean.

The Atlantic's crawling silver.
The cloudbanks. The fishing boat
like a spat-out olive pit.
And the wakes' pale scars.

Down here work goes slowly.
I often sneak peeks at the clock.
The tree shadows are black figures
in the greedy silence.

The truth is there on the ground
but no one dares to take it.
The truth is out on the street.
No one makes it their own.

MADRIGAL

Jag ärvde en mörk skog dit jag sällan går. Men det kommer en dag när de döda
och levande byter plats. Då sätter sig skogen i rörelse. Vi är inte utan hopp. De
svåraste brotten förblir ouppklarade trots insats av många poliser. På samma sätt
finns någonstans i våra liv en stor ouppklarad kärlek. Jag ärvde en mörk skog men
idag går jag i en annan skog, den ljusa. Allt levande som sjunger slingrar viftar
och kryper! Det är vår och luften är mycket stark. Jag har examen från glömskans
universitet och är lika tomhänt som skjortan på tvättstrecket.

MADRIGAL

I inherited a dark forest where I seldom walk. But there will come a day when the dead and the living change places. Then the forest will be set into motion. We aren't without hope. The most difficult crimes remain unsolved despite the efforts of many police. In the same way that somewhere in our lives there's a great, unsolved love. I inherited a dark forest, but today I walk in another forest, the light one. Every living thing that sings wriggles sways and crawls! It's spring and the air is intense. I have a degree from the university of oblivion and I'm as empty-handed as the shirt on the clothesline.

GULDSTEKEL

Kopparormen den fotlösa ödlan rinner längsmed förstutrappan
stilla och majestätisk som en anaconda, bara storleken skiljer.
Himlen är täckt av moln men solen pressar sig igenom. Sådan är dagen.

I morse drev min kära bort de onda andarna.
Som när man slår upp dörren till ett mörkt magasin i södern
och ljuset väller in
och kackerlackorna pilar snabbt snabbt ut i hörnen och uppför väggarna
och är borta – man både såg och inte såg dem –
så fick hennes nakenhet demonerna att fly.

Som om de aldrig funnits.
Men de kommer tillbaka.
Med tusen händer som felkopplar nervernas gammalmodiga telefonväxel.

Det är femte juli. Lupinerna sträcker på sig som om de ville se havet.
Vi är i tigandets kyrka, i den bokstavslösa fromheten.
Som om de oförsonliga patriarkernas ansikten inte fanns
och felstavningen i sten av Guds namn.

Jag såg en bokstavstrogen tv-predikant som samlat in massor med pengar.
Men han var svag nu och måste stödjas av en bodyguard
som var en välskräddad ung man med ett leende stramande som en munkavle.
Ett leende som kvävde ett skri.
Skriet från ett barn som lämnas kvar i en säng på sjukhuset när föräldrarna går.

Det gudomliga snuddar vid en människa och tänder en låga
men viker sedan tillbaka.
Varför?
Lågan drar till sig skuggorna, de flyger knastrande in och förenas med lågan
som stiger och svartnar. Och röken breder ut sig svart och strypande.
Till sist bara den svarta röken, till sist bara den fromma bödeln.

GOLDEN VESPID

The slowworm that legless lizard flows along the front step
as calm and majestic as an anaconda, differing only in size.
The sky is cloud-covered, but the sun presses through. Such is the day.

This morning my love drove the evil spirits away.
As when you throw open the door to a dark storeroom in the south
and light rushes in
and cockroaches dart swiftly swiftly out to the corners and up the walls
and are gone—you both saw and didn't see them—
so her nakedness got the demons to flee.

As if they never existed.
But they'll come back.
With a thousand hands making bad connections in the nerves' oldfangled
       switchboard.

It's July fifth. The lupines are stretching up as if they wanted a view of the sea.
We're in the church of keeping-silent, in a letterless piousness.
As if the implacable faces of the patriarchs didn't exist
and God's name wasn't misspelled in stone.

I watched a fundamentalist TV preacher who gathered crowds with money.
But by then he was weak and needed the support of a bodyguard,
a well-tailored young man with a smile that fit tight as a muzzle.
A smile that suffocated a scream.
The scream of a child left behind in a hospital bed when the parents leave.

The divine brushes up against a person and lights a flame
but then draws back.
Why?
The flame attracts shadows, they fly rustling in and merge with the flame,
which rises and blackens. And the smoke spreads out black and strangling.
In the end only the black smoke, in the end only the pious executioner.

Den fromma bödeln lutar sig fram
över torget och folkmassan som bildar en knottrig spegel
där han kan se sig själv.

Den störste fanatikern är den störste tvivlaren. Han vet det inte.
Han är en pakt mellan två
där den ene skall vara synlig till hundra procent och den andre osynlig.
Vad jag avskyr uttrycket »till hundra procent«!

De som inte kan vistas någonannanstans än på sin framsida
de som aldrig är tankspridda
de som aldrig öppnar fel dörr och får se en skymt av Den Oidentifierade –
gå förbi dem!

Det är femte juli. Himlen är täckt av moln men solen pressar sig igenom.
Kopparormen rinner längsmed förstutrappan stilla och majestätisk som en
        anaconda.
Kopparormen som om det inte fanns ämbetsverk.
Guldstekeln som om det inte fanns idoldyrkan.
Lupinerna som om det inte fanns »hundra procent«.

Jag känner djupet där man är både fånge och härskare, som Persefone.
Ofta låg jag i det stela gräset där nere
och såg jorden välva sig över mig.
Jordevalvet.
Ofta, det var halva livet.

Men idag har min blick lämnat mig.
Min blindhet har gett sig av.
Den mörka fladdermusen har lämnat ansiktet och saxar omkring i sommarens ljusa
        rymd.

The pious executioner leans forward
over the market square and crowd that form a grainy mirror
in which he can see himself.

The biggest fanatic is the biggest doubter. But he doesn't know this.
He is a pact between two
where the one should be visible a hundred percent and the other invisible.
How I loathe that expression "a hundred percent"!

Those who can't reside anywhere other than their own facade
those who are never absentminded
those who never open the wrong door and catch a glimpse of The Unidentified
        One—
walk past them!

It's July fifth. The sky is cloud-covered, but the sun presses through.
The slowworm flows along the front step, as calm and majestic as an anaconda.
The slowworm as if the establishment didn't exist.
The golden vespid as if idolatry didn't exist.
The lupines as if "a hundred percent" didn't exist.

I know the depths where one is both prisoner and ruler, like Persephone.
Often, I lay in the stiff grass down there
and watched the earth vault over me.
The vault of Earth.
Often, it was half my life.

But today my gaze has left me.
My blindness has gone away.
The dark bat has flown from my face and scissors around in the summer's
        light space.

MINNENA SER MIG / MEMORIES WATCH ME

(1993)

MINNEN

»Mitt liv.« När jag tänker de orden ser jag framför mig en ljus-strimma. Vid närmare betraktande har ljusstrimman formen av en komet med huvud och svans. Den ljusstarkaste ändan, huvudet, är barndomen och uppväxten. Kärnan, dess allra tätaste del, är den mycket tidiga barndomen där de viktigaste dragen i vårt liv bestäms. Jag försöker minnas, jag försöker tränga fram dit. Men det är svårt att röra sig i dessa förtätade regioner, det är farligt, det känns som om jag skulle komma nära döden. Längre bakåt förtunnas kometen – det är den längre delen, svansen. Den blir glesare och glesare men också bredare. Jag är nu långt ute i kometsvansen, jag är sextio år när jag skriver detta.

De tidigaste upplevelserna är till största delen oåtkomliga. Återberättanden, minnen av minnen, rekonstruktioner på grundval av plötsligt uppflammande stämningar.

Mitt tidigaste daterbara minne är en känsla. En känsla av stolthet. Jag har just fyllt tre år och man har sagt att det är mycket betydelsefullt, att jag har blivit stor nu. Jag ligger till sängs i ett ljust rum och kliver sedan ner på golvet, oerhört medveten om att jag håller på att bli vuxen. Jag har en docka som jag gett det vackraste namn jag kunnat hitta på: KARIN SPINNA. Jag behandlar henne inte moderligt. Hon är snarare en kompis eller en förälskelse.

Vi bor på Söder i Stockholm, adressen är Swedenborgsgatan 33 (nuvarande Grindsgatan). Pappa finns fortfarande i familjen men skall snart lämna den. Stilen är ganska »modern« – redan från början kallar jag mina föräldrar för »du«. I närheten finns mormor och morfar, de bor runt hörnet, på Blekingegatan.

Morfar, Carl Helmer Westerberg, föddes 1860. Han var lots och min mycket nära vän, 71 äldre än jag. Egendomligt nog hade han samma åldersrelation till sin egen morfar, som således var född 1789: Bastiljen stormades, Anjalamyteriet, Mozart skrev klarinettkvintetten. Två lika stora kliv bakåt, två långa kliv, ändå inte så långa. Man kan röra vid historien.

Morfar talade 1800-talets språk. Många vändningar skulle i dag te sig uppseendeväckande ålderdomliga. I hans mun, och för mig, lät de alldeles naturliga. Han var en ganska kortvuxen man, med vit mustasch och en kraftig, något böjd näsa – »som på en turk« sa han själv. Han saknade inte temperament och kunde brusa upp. Ett sådant utbrott togs aldrig riktigt på allvar och gick

MEMORIES

"My life." When I think of these words, I see before me a streak of light. Observed more closely, that streak of light is shaped like a comet. The brightest end, the head, is my childhood and adolescence. The densest part, the core, is early in my youth when the most important traits are formed. I'm trying to remember, trying to get through there. But it's hard to move in these condensed regions, it's dangerous and feels like I'm getting close to death. Farther back, the comet thins to the longest part, the tail—it's becoming more and more sparse, but at the same time is broadening. I'm now way out on the comet's tail, sixty years old as I write this.

Our earliest experiences are largely inaccessible. Retellings, memories of memories, reconstructions based on a sudden flaring of mood.

My earliest datable memory is a feeling. A feeling of pride. I've just turned three and have been told this is especially significant, that I'm big now. I'm lying in bed in a bright room and climb down to the floor, extremely aware that I'm growing up. I have a doll that I've given the most beautiful name I can think of: KARIN SPINNA. I don't mother her. She's more like a friend or an infatuation.

We live in Söder, a district of Stockholm, at 33 Swedenborgsgatan (now called Grindsgatan). Father is still part of the family, but he'll soon be leaving us. Our style is fairly "modern"—right from the start, I address my parents using the informal Swedish form of "you." Mother's parents live nearby, right around the corner on Blekingegatan.

My mother's father, Carl Helmer Westerberg, was born in 1860. He was a sea pilot and my very close friend, seventy-one years older than I. Strangely enough, there was the same age difference between him and his own grandfather, who was born in 1789: the storming of the Bastille, the Anjala conspiracy, Mozart composing his Clarinet Quintet. Two equally large steps backward, two long steps, and yet not all that long. You can touch history.

Grandfather spoke the language of the 19th century. Many of his expressions would seem remarkably outdated today. From his mouth, and to my ears, they sounded completely natural. He was a fairly short man, with a white mustache and prominent, slightly hooked nose—"like a Turk's," he used to say. He could be temperamental and fly into a rage. But such outbursts were rarely taken seriously

omedelbart över. Uthållig aggressivitet saknade han helt. I själva verket var han så försonligt att han löpte risk att beskrivas som velig. Han ville hålla sig väl också med icke närvarande personer som förtalades i ett vanligt samtal.

– Men papa måste väl ändå hålla med om att X är en skurk!

– Hörnu, det känner jag inte till.

Efter skilsmässan flyttade mamma och jag till Folkungagatan 57 som var ett hus för lägre medelklass. Där bodde en brokig samling människor tätt tillsammans. Minnen från huset organiserar sig ungefär som i en 30- eller 40-talsfilm med ett personGalleri som skulle platsa där. Den älskliga portvaktsfrun, den fåordige starke portvakten som jag beundrade bland annat för att han var gengasförgiftad – det antydde en heroisk närhet till farliga maskiner.

De var en gles trafik av obehöriga. Enstaka fyllerister kunde ta igen sig i trappuppgången. Tiggare ringde på dörren någon gång i veckan. De stod mumlande i farstun. Mamma bredde smörgåsar åt dem – hon gav limpskivor i stället för pengar.

Vi bodde på femte våningen. Överst alltså. Det fanns fyra dörrar, förutom vindsdörren. På en av dem stod namnet Örke, en pressfotograf. Det kändes på något sätt flott att bo bredvid en pressfotograf.

Vår närmaste granne, han som hördes genom väggen, var en ogift karl i övre medelåldern med gulblek hy. Han hade sitt yrke i hemmet, bedrev något slags mäkleri per telefon. Under telefonsamtalen gav han ofta upp medryckande gapskratt som trängde genom väggen in till oss. Ett annat ständigt återkommande ljud var smällandet av korkar. Pilsnerflaskorna hade inte kapsyler på den tiden. Dessa dionysiska ljud, gapskratten och korksmällarna, verkade inte passa ihop med den spöklikt bleka farbror jag ibland mötte i hissen. Han blev med åren misstänksam och det blev glesare mellan skratten.

En gång förekom våldsamheter. Jag var liten. Det var en granne som blivit utelåst av sin hustru, han var full och rasande och hon hade barrikaderat sig. Han försökte slå in dörren och skrek ut hotelser. Det jag kommer ihåg är att han skrek följande egendomliga mening:

– Jag ger fan i om jag kommer på Kungsholmen!

– Vad menar han med Kungsholmen? frågade jag mamma.

and would blow over immediately. He lacked any kind of sustained hostility. In fact, he was so appeasing he ran the risk of seeming indecisive. He liked to stay in the good graces of people, even if they weren't present when, say, they were being slandered in the course of some ordinary conversation.

"But Pappa, surely you must agree that X is a crook!"

"Now look, I don't know anything about that."

After the divorce, my mother and I moved to 57 Folkungagatan, a lower-middle-class housing unit where a motley collection of people lived in close quarters. My memories from the house are arranged like the cast of characters in an old 1930s or '40s film. The lovable concierge's wife and her strong silent husband, whom I admired because, among other things, he'd been poisoned by gas—which suggested a heroic closeness to dangerous machinery.

People who didn't belong there sporadically came and went. The occasional drunk slept it off in the stairwell. Beggars rang the doorbell once a week. They stood mumbling in the hallway. Mother made sandwiches for them—instead of money, she handed out loaves of bread.

We lived on the sixth floor. So, at the top. There were four doors, plus the attic door. The name on one of them was Örke, a press photographer. It felt kind of stylish living next to a press photographer.

Our nearest neighbor, the one we could hear through the wall, was a late-middle-aged bachelor with pale yellowish skin. He worked at home, managing some kind of brokerage service by phone. Often, during his calls, entertaining roars of laughter burst through our wall. Another regular sound was the popping of corks. Pilsner bottles didn't have caps in those days. These Dionysian sounds, the roaring laughter and popping corks, didn't seem to fit the ghostly pale man I sometimes ran into in the elevator. Over the years, he grew suspicious and his bouts of laughter gradually stopped.

On one occasion, there was violence. I was small. A neighbor had been locked out by his wife; he was drunk and furious and she had barricaded herself inside. He tried to break down the door and was shouting threats. The thing I remember most is that he shouted the strangest thing:

"I don't give a damn if I end up in Kungsholmen!"

"What does he mean about Kungsholmen?" I asked my mother.

Hon förklarade att polishuset låg på Kungsholmen. Stadsdelen fick något hemskt över sig. (Det blev ytterligare förstärkt när jag besökte S:t Eriks sjukhus och såg krigsinvaliderna från Finland som vårdades där vintern 39 – 40.)

Mamma gick till jobbet tidigt på morgonen. Hon åkte inte utan gick. Under hela sitt vuxen liv promenerade hon fram och tillbaka mellan Söder och Östermalm – hon arbetade i Hedvig Eleonora folkskola och hade hand om tredje och fjärde klass år efter år. Hon var en hängiven lärarinna och kände starkt för barnen. Man kunde tro att det skulle bli svårt för henne att pensioneras. Men så blev det inte alls, hon kände stor lättnad.

Mamma yrkesarbetade och alltså hade vi hembiträde, eller »jungfru« som det då hette, fast det väl borde hetat barnflicka. Hon övernattade i ett minimalt rum som hängde ihop med köket och som inte räknades in i lägenhet-på-två-rum-och-kök som var det officiella namnet på vår lägenhet.

När jag var i 5 – 6-årsåldern hette hembiträdet Anna-Lisa och var från Eslöv. Jag tyckte hon var mycket tilldragande: ljust burrigt hår, uppnäsa, en mild skånsk dialekt. Hon var en ljuvlig människa och fortfarande känner jag något speciellt när jag passerar Eslövs station. Men jag har aldrig stigit av vid denna magiska plats.

Till hennes talanger hörde att hon ritade mycket bra. Hon var specialist på Disneys figurer. Själv ritade jag nästan oavbrutet under dessa år i slutet av 30-talet. Morfar bar hem rullar med vitt omslagspapper av det slag som användes i alla livsmedelsaffärer då och jag fyllde papperen med ritade berättelser. Jag hade visserligen lärt mig skriva i 5-årsåldern. Men det gick för långsamt. Fantasin krävde snabbare uttrycksmedel. Till hade jag inte tålamod att rita ordentligt heller. Jag utvecklade en sorts figurstenografi med kroppar i våldsam rörelse och halsbrytande dramatik, dock utan detaljer. Det var tecknade serier som bara konsumerades av mig själv.

Någon gång i mitten av 30-talet försvann jag mitt i Stockholm. Mamma och jag hade varit på skolkonsert. I trängseln vid Konserthusets utgång lossnade mitt grepp ur mammas hand. Jag fördes ohjälpligt bort av människoströmmen och eftersom jag var så liten kunde jag inte upptäckas. Det skymde på Hötorget. Jag stod där berövad all trygghet. Det fanns människor runt omkring men de var upptagna av sina mål. Det fanns ingenting att hålla sig till. Det var min första upplevelse av döden.

She explained that the police station was in Kungsholmen. To my mind, there was clearly something awful about that part of town. (A feeling that intensified in the winter of 1939–40, when I visited St. Erik's Hospital and saw the wounded war veterans from Finland who were being cared for there.)

My mother walked to work early in the morning. She never got there any other way but on foot. She taught third and fourth grade at Hedvig Eleonora Elementary School, walking to and from Söder and Östermalm year after year, throughout her adult life. She was a devoted teacher, deeply attached to the children. You'd think it would have been hard for her to retire. But that wasn't the case at all; she felt a great sense of relief.

Mother was a skilled professional, so we had a maid, or "girl," as they were called back then, although "nanny" would've been more apt. She slept in a tiny room that was connected to the kitchen and wasn't considered part of the official "two bedroom and a kitchen" designation of our apartment.

When I was around five or six, our maid's name was Anna-Lisa, and she was from Eslöv. I thought she was very attractive: light frizzy hair, turned-up nose, a subtle accent from Skåne. She was a lovely person and, to this day, whenever I pass by the Eslöv train station I feel something special. But I've never gotten off at this magical place.

Among her talents, Anna-Lisa was very good at drawing. She specialized in Disney characters. I myself drew constantly during those years in the late '30s. Grandpa would bring home rolls of the white wrapping paper used in grocery stores back then, and I'd fill the paper with illustrated stories. It's true that I learned to write at the age of five. But writing was just too slow. My imagination demanded a faster means of expression. And I didn't have the patience to draw properly. I developed a kind of figure shorthand with bodies in violent motion and breakneck drama, yet without any detail. Comic strips consumed solely by me.

One time in the mid-'30s, I disappeared in the middle of Stockholm. Mother and I had been to a school concert. In all the jostling at the Concert Hall exit, I lost hold of my mother's hand. I was helplessly carried away in the human stream and was too small to be rediscovered. It was getting dark in Hötorget. I stood there, stripped of all sense of security. There were people around, but they were busy with their own objectives. There was nothing to hold onto. It was my first experience of death.

Efter en stunds panik började jag tänka. Det borde vara möjligt att gå hem. Det var absolut möjligt. Vi hade kommit med buss. Jag hade stått på knä på sätet som jag brukade och sett ut genom bussfönstret. Drottninggatan hade runnit förbi. Det gällde nu bara att gå tillbaks samma väg, busshållplats för busshållplats.

Jag gick åt rätt håll. Av den långa promenaden minns jag bara ett avsnitt tydligt. Att jag kom fram till Norrbro och såg vattnet. Trafiken var tät här och jag vågade inte korsa gatan. Jag vände mig till en man som stod intill och sa: »Det är mycket trafik här.« Han tog mig vid handen och ledde mig över.

Men sedan släppte han mig. Jag vet inte varför han och alla andra okända vuxna tyckte det var helt i sin ordning att en liten pojke vandrade ensam genom Stockholm en mörk kväll. Men så var det. Resten av promenaden – genom Gamla Stan, Slussen och genom Söder måste varit invecklad. Kanske gick jag mot målet efter samma mysteriösa kompass som den hundar och brevduvor bär med sig – de hittar ju alltid hem var man än släpper dem. Jag minns inget av den delen. Jo, att mitt självförtroende växte hela tiden och när jag kom hem var det i ett tillstånd av berusning. Morfar tog emot. Min förkrossade mamma satt hos polisen och följde spaningarna. Morfars goda nerver svek inte, han tog emot mig naturligt. Han var glad förstås men dramatiserade inte. Allt var tryggt och naturligt.

After a moment of panic, I began to think. I ought to be able to find my way home. It was absolutely possible. We'd arrived by bus. I had knelt on the seat to look out the window. We went past Drottninggatan. It was just a matter of backtracking, bus stop by bus stop.

I headed in the right direction. Of that long walk, I can only remember one section clearly: when I got to North Bridge and saw the water. The traffic was heavy there and I didn't dare cross the street. I turned to a man standing beside me and said: "There's a lot of traffic here." He took me by the hand and led me across.

But then he let me go. I don't know why he and all the other unfamiliar adults thought it was perfectly fine for a little boy to walk alone through Stockholm on a dark evening. But it was. The rest of the walk—through Gamla Stan, Slussen and Söder—must have been complicated. Maybe I aimed for my destination using the same mysterious inner compass that dogs and carrier pigeons have—always finding home no matter where they're let go. I don't remember any of that. Well, except for how my self-confidence grew the whole way, so that by the time I arrived home, it was in a state of intoxication. Grandpa was there to greet me. My distraught mother was at the police station, following the progress of their search. Grandpa's steady nerves didn't betray him; he greeted me quite naturally. He was happy, of course, but not dramatic about it. Everything felt safe and natural.

MUSEER

Under Barndomen drogs jag till museer. Först Naturhistoriska Riksmuseet ute vid Frescati. Vilken byggnad! Gigantisk, babylonisk, outtömlig! På nedervåningen sal efter sal där uppstoppade däggdjur och fåglar myllrade i dammet. Dessutom de benstinkande valven där valarna hängde i taket. Och på nästa våning: de förstenade, de ryggradslösa ...

Riksmuseet besökte jag med någon vid handen. Jag var i femårsåldern. Vid entrén möttes man av två elefantskelett. Det var de två väktarna vid porten till det underbara. De gjorde på mig ett överväldigande intryck och jag ritade av dem i ett stort ritblock.

Efter någon tid upphörde besöken på Riksmuseet. Jag hade kommit in i en period när jag var oerhört rädd för skelett. Farligast var det benrangel som fanns avbildat i anslutning till artikeln MÄNNISKAN i Nordisk Familjebok.

Men rädslan utsträcktes till skelett i största allmänhet, alltså också till elefantskeletten på museet. Jag blev till och med rädd för min egen teckning av dem och vågade inte öppna blocket.

Jag vände nu intresset mot Järnvägsmuseet. Numera breder det ut sig i utkanten av Gävle men då låg hela musett inklämt i ett kvarter i Klara. Ett par gånger i veckan vandrade jag och morfar ner från Söders höjder och besökte museet. Morfar måste själv ha förtrollats av tågmodellerna annars hade han väl knappast stått ut. En verklig heldag blev det när vi avslutade på det närbelägna Stockholms Central, där tågen ångade in i fullt naturlig storlek.

Personalen la märkte till gossens fanatism och vid något tillfälle togs jag in på museiexpeditionen och fick skriva mitt namn (med bakvänt S) i en besöksbok. Jag ville bli järnvägsingenjör. Jag var dock mer intresserad av ånglokomotiv än av de modernare elektriska loken. Med andra ord, jag var mer romantisk än teknisk.

En bit upp i skolåldern återvände jag till Riksmuseet. Jag var nu amatörzoolog, seriös, lillgammal. Jag satt lutad över böckerna med insekter och fiskar.

MUSEUMS

During my childhood, I was drawn to museums. First, to the Natural History Museum out at Frescati. What a building! Gigantic, Babylonian, limitless! On the ground floor, hall after hall of stuffed mammals and birds swarming in the dust. Plus, the bone-scented arches where the whales hung from the ceiling. And on the next floor: the fossils, the invertebrates . . .

Someone brought me to visit the Natural History Museum when I was five years old. At the entrance, we were greeted by two elephant skeletons. They were the guardians of the gate to wonder. They left an overwhelming impression on me and I drew them in a large sketchbook.

After a period of time, my visits to the Natural History Museum came to an end. I had entered a phase where I was terrified of skeletons. Most menacing of all was the skeletal figure pictured in the article "The Human" in the *Nordic Family Encyclopedia.*

But my fear extended to skeletons in general, including those elephant bones at the museum entrance. I was even afraid of my own drawing of them, and didn't dare open the sketchbook.

My interest then turned to the Railway Museum. Nowadays, it's sprawled on the outskirts of Gävle, but back then the entire museum was squeezed into one block in the Klara section of Stockholm. A couple of times a week, my grandfather and I would walk down from the heights of Söder for a visit. Grandfather must have been captivated by the model trains; otherwise he'd have hardly endured. To really top the day off, we'd end up at nearby Stockholm Central, where life-size trains steamed into the station.

The museum staff noticed the little lad's fanaticism and at some point, I was led on a tour of the museum and even got to write my name (complete with a backward *S*) in a visitor's book. I wanted to be a railway engineer. I was, however, more interested in steam engines than modern electric ones. In other words, I was more of a romantic than a technician.

A bit later in my school years, I returned to the Natural History Museum. By this time, I was an amateur zoologist—serious and precocious. I'd sit leaning over the books on insects and fish.

Jag hade börjat samla själv. Mina samlingar hemma fick rum i ett skåp. Men inne i min skalle växte det fram ett ofantligt museum och mellan detta fantasimuseum och det mycket verkliga ute vid Frescati uppstod ett samspel.

Ungefär varannan söndag for jag ut till Riksmuseet. Jag tog spårvagn till Roslagstull och promenerade de sista kilometrarna. Vägen var alltid lite längre än jag föreställde mig. Jag minns dessa vandringar mycket väl, det blåst alltid, snoren rann, ögonen tårades. Jag minns inte promenaderna i motsatt riktning, det är som om jag aldrig gick hemåt, bara dit, en snorig tårögd förväntansfull vandring mot den babyloniska jättebyggnaden.

Väl framme hälsades jag av elefantskeletten. Ofta gick jag sedan direkt till den »gamla« avdelningen, med djur uppstoppade redan på 1700-talet, en del ganska klumpigt preparerade, med svullna huvuden. Det fanns ändå en speciell magi där. Stora konstgjorda landskap med elegant designade inplacerade djurmodeller fängslade mig däremot inte – det var illusionsmakeri, något för barn. Nej det skulle klart framgå att det inte var fråga om levande djur. De var uppstoppade, de stod i vetenskapens tjänst. Den vetenskap jag stod nära var den linneanska: upptäcka, samla, examinera.

Museet genomströvades. Långt uppehåll bland valarna och på den paleontologiska avdelningen. Och sedan den avdelning jag mest uppehöll mig på: den ryggradslösa. Jag hade aldrig kontakt med någon annan besökare. Egentligen minns jag inte att det fanns andra besökare över huvud taget. Andra museer som jag mer tillfälligt besökte – Sjöfarts, Etnografiska, Tekniska – var alltid fulla av folk. Men Riksmuseet tycktes hålla öppet enbart för mig.

En dag stötte jag ihop med en medmänniska. Nej, ingen besökare, han var professor eller dylikt, arbetade på museet. Vi möttes på evertebratavdelningen, han materialiserades plötsligt bland montrarna, nästan lika liten som jag till växten. Han talade till hälften för sig själv. Genast invecklades vi i en konversation om blötdjur. Han var så disträ eller fördomsfri att han behandlade mig som en vuxen person. En av dessa skyddsänglar som dök upp då och då under min barndom och vidrörde med sina vingar. Samtalet ledde till att jag fick gå in i en avdelning som inte var för allmänheten. Jag fick en massa goda råd om preparering av smådjur och utrustades med små glasrör som verkade att höra till en verkligt professionell utrustning.

I had started collecting my own specimens. At home, I kept my collections in a cabinet. But inside my skull, a huge museum evolved, and an interplay arose between this fantasy museum and the very real one out at Frescati.

Nearly every other Sunday, I headed out to the Natural History Museum. I took the trolley to Roslagstull and walked the last few kilometers. The road was always a little longer than I envisioned. I remember these walks all too well: always windy, my nose running, eyes watering. I don't recall the return trips; it's as if I never went home, just there, a sniffling, teary-eyed expectant walk toward the giant Babylonian building.

On arriving, I was greeted by the elephant skeletons. Usually I went straight to the "old" section, which included animals that had been stuffed as early as the 18th century, some of them rather clumsily, with swollen heads. Still, there was a special magic there. On the other hand, the big artificial landscapes arranged with elegantly fabricated animal models didn't capture my interest—that was just illusion-making, something for children. No, it should have been quite clear that this wasn't a matter of living animals. They were stuffed, in the service of science. The science I stood behind was Linnaean: discover, collect, examine.

I wandered throughout the museum. Spent long intervals among the whales and in the paleontology area. And then there was the section where I spent the most time: the invertebrates. I never had contact with any other visitors. In fact, I don't remember any other visitors at all. The other museums that I occasionally visited—Maritime, Ethnographic, Technical—were always crowded. But the Natural History Museum seemed to be open only for me.

One day I ran into a fellow human. No, not a visitor, but a professor of some kind, who worked at the museum. We met in the invertebrate section, where he suddenly materialized among the display cases, almost as small in stature as I was. He spoke half to himself. We got immediately involved in a conversation about mollusks. He was so distracted, or openminded, that he treated me like an adult. One of those guardian angels who turned up from time to time in my childhood and touched me with his wings. That conversation led to my getting to visit an area of the museum not normally open to the public. I was given a lot of good advice on how to prepare small animals, and was outfitted with small glass tubes that seemed to come from some real professional equipment.

Jag samlade insekter, och framför allt skalbaggar, från 11-årsåldern och ungefär fram till jag fyllde 15. Då var det andra konkurrerande intressen som trängde på, mest konstnärliga. Vad det kändes vemodigt att entomologin måste lämna plats för dem! Jag intalade mig att det bara var tillfälligt. Om femti år eller så skulle jag ta upp samlandet igen. Verksamheten började på våren men blommade naturligtvis mest på sommaren, ute på Runmarö. I sommarhuset, där vi rörde oss på mycket få kvadratmetrar, stod glasburkar med avlivade kryp och ett spännbräde för fjärilar. Och över alltsammans svävade en stank av ättiketer, som dessutom fanns kring min person eftersom jag alltid bar en burk med det insektsdödande medlet i fickan.

Det hade onekligen varit tuffare att använda cyankalium som handboken rekommenderade. Lyckligtvis var medlet oåtkomligt för mig och jag behövde aldrig ställas inför mandomsprovet att tacka ja eller nej till det.

Det var många som deltog i insektsjakten. Barnen i närheten lärde sig att slå larm när de såg något kryp som kunde vara intressant. »Ett djuuur!!« ekade skriken i byn och jag kom rusande med håven.

Jag var ute på ständiga exkursioner. Ett friluftsliv utan den ringaste hälsoaspekt. Jag hade inga estetiska synpunkter på mina fångster naturligtvis – det var ju Vetenskap – men jag fick i mig många skönhetsupplevelser utan att veta om det. Jag rörde mig i det stora mysteriet. Jag lärde mig att marken levde, att det fanns en oändligt stor krypande och flygande värld som levde sitt eget rika liv utan att bry sig minsta om oss.

En bråkdels bråkdel av den världen fångade jag och naglade fast i mina lådor som jag fortfarande har kvar. Ett gömt mini-museum som jag sällan är medveten om. Men de sitter där, krypen. Som om de bidade sin tid.

I collected insects, especially beetles, from the age of eleven until around the time I turned fifteen. Then other competing interests interfered, mainly artistic ones. How sad it felt that entomology had to make room for them! I convinced myself it was only temporary. That in fifty years or so, I'd resume collecting again. All the activity would begin in the spring, but naturally flourished during the summer, out on the island of Runmarö. In our summer house, where we had very little space to move around, there were glass jars with insects I'd killed and a spreading board for butterflies. And the stench of ethyl acetate hung over everything, including me, because I always carried a jar of the insecticide in my pocket.

It certainly would have been more gutsy to use potassium cyanide, as the manual had recommended. Fortunately, that compound wasn't available to me and I never had to prove my manhood by saying yes or no to it.

There were a lot of participants in the insect hunt. Children in the neighborhood learned to sound the alarm whenever they saw a potential insect of interest. "A creatuuure!!" would echo throughout the neighborhood and I'd come rushing with my net.

I went on endless excursions. An outdoor life without the slightest regard for its health benefits. Naturally, I had no aesthetic views about my catches—this was Science, after all—but I frequently experienced beauty without ever knowing it. I moved within the great mystery. I learned that the land was alive, that there was an infinitely large crawling and flying world that lived its own rich life without caring the slightest bit about us.

I caught a fraction of a fraction of that world and pinned it in my trays, which I still have. A hidden mini-museum that I'm hardly ever aware of. But they're in there, the insects. As if biding their time.

FOLKSKOLA

Jag började i Katarina Norra folkskola och fick fröken R., en ogift proper dam som bytte klänning från dag till dag. Sista timmen på lördagen fick varje barn en karamell men annars var hon ofta sträng, luggar och slag utdelades ofta, dock aldrig till mig som var son till en lärarinna.

Min huvuduppgift första terminen var att sitta stilla i bänken. Jag kunde redan skriva och räkna. Jag fick sitta och klippa i färgat papper, men vad minns jag inte.

Jag tror att stämningen var någorlunda god det första skolåret men att den hårdnade efter hand. Det som fick fröken att tappa humöret var när ordningen bröts, när något hakade upp sig. Man fick inte vara orolig eller högljudd. Inte heller ynklig. Man fick inte ha oväntat svårt att lära sig något. Över huvud taget fick man inte göra något oväntat. En liten flicka som kissade på sig i skam och skräck hade ingen barmhärtighet att vänta.

Som jag nämnde var jag skyddad från handgripligheter därför att jag var son till en lärarinna. Men den tryckta stämningen kring alla förebråelser och hot kände jag av. I bakgrunden fanns Överläraren, en höknäst farlig typ. Allra allvarligast var att komma på uppfostringsanstalt, något som omtalades vid speciella tillfällen. Det uppfattade jag inte som ett hot för egen del, men själva företeelsen ingav olust.

Vad en uppfostringsanstalt var kunde jag lätt föreställa mig, i synnerhet som jag hört namnet på en sådan inrättning, SKRUBBA, vilket förde tanken till rivjärn och hyvlar. Att tortyr dagligen användes mot de intagna ansåg jag självklart. I den världsbild jag skaffat mig ingick alltså föreställningen att det fanns särskilda anstalter där vuxna torterade barn – kanske till döds – för att de varit bråkiga. Det var hemskt, men så måste det vara. Om man bråkade så . . .

När en pojke i skolan togs in på uppfostringsanstalt och sedan kom tillbaka efter ett år betraktade jag honom som en som uppstått från de döda.

Ett mer realistisk hot var EVAKUERING. Under de första krigsåren planerades för evakuering av alla skolbarn från storstäderna. Mamma ritade med märkbläck namnet TRANSTRÖMER på våra lakan med mera. Frågan var nu om jag skulle evakueras med mamma och hennes skolklass eller tillsammans med min klass från Katarina Norra, alltså deporteras med fröken R. Jag misstänkte det senare.

ELEMENTARY SCHOOL

I started at Katarina North Elementary and had Miss R., a tidy unmarried lady who wore a different dress every day. On Saturdays, before we were dismissed, she gave each child a piece of candy. Otherwise, she was often harsh, pulling hair and hitting, although that never happened to me. I was the son of a teacher.

My main task for the first term was to sit still at my desk. I could already write and count. I was allowed to just sit there and cut pieces of colored paper, though I can't remember for what.

I think the general mood was reasonably good that first year, but it gradually got tougher. Any disruption in order, whenever there was a snag, the teacher lost her temper. We couldn't be restless or loud. But we couldn't be pathetic either. We couldn't have unexpected difficulties learning something. We couldn't do anything unexpected at all. A little girl who wet her pants out of shame and fear was shown no mercy.

As I said, because I was the son of a teacher I was protected from mistreatment. But I could feel the despair stemming from all the scolding and threats. Somewhere in the background was the Head Teacher, hook-nosed and dangerous. The worst threat of all, being sent to reform school, would be mentioned on certain occasions. I didn't take this as a warning to me personally, but the very idea of it made me uneasy.

It wasn't hard to imagine what a reform school was like, especially since I'd heard the name of such an institution, SKRUBBA, which brought to mind graters and razors. It was clear to me that its inmates were being tortured on a daily basis. This worldview I'd acquired led me to conclude there were special institutions where adults tortured children—perhaps to death—because they'd caused trouble. It was awful, but it had to be like that. If you caused trouble, well then . . .

When a classmate was sent to reform school and returned a year later, I regarded him as having risen from the dead.

A more realistic threat was EVACUATION. During the early years of the war, there were plans to evacuate all schoolchildren from the large cities. Mom wrote TRANSTRÖMER in marking pen on our bedsheets and such. The main question was whether I should be evacuated with my mother and her classroom or with my class from Katarina North; in other words, whether or not I'd be deported with Miss R. I suspected the latter.

Jag slapp evakuering. Livet i skolan gick vidare. Jag längtade hela tiden efter att skoldagen skulle ta slut så att jag kunde få kasta mig över det som verkligen intresserade mig: Afrika, undervattensvärlden, medeltiden med mera. Det enda som verkligen fängslade mig i skolan var planscherna. Jag var planschdykare. Den största lyckan var att få följa med fröken till förrådet och hämta fram någon sliten papptavla. Man kunde då skymta också de andra planscherna som hängde där. Själv tillverkade jag efter förmåga sådana hemma.

En viktig skillnad mellan mitt liv och klasskamraternas var att jag inte hade någon pappa att visa upp. Flertalet kom från arbetarfamiljer där skilsmässa tydligen var något mycket sällsynt. Jag ville aldrig låtsas om att det var något egendomligt med min familjesituation. Inte heller inför mig själv ville jag låtsas om det. Nej, jag hade ju en pappa, även om jag bara träffade honom en gång om året (vanligen julafton), jag höll reda på honom – ett tag under kriget var han till exempel på en torpedbåt och han skrev därifrån ett roligt brev till mig och så vidare. Jag hade gärna velat visa detta brev men det föll sig inte naturligt.

Jag minns ett ögonblick av panik. Jag hade varit borta från skolan ett par dar och vid återkomsten berättade en kamrat att fröken – inte fröken R. utan en vikarie – hade sagt till klassen att man inte fick reta mig för att jag inte hade någon pappa. Det var med andra ord synd om mig. Jag kände panik när jag hörde det, jag var abnorm tydligen. Jag försökte prata bort det hela, illröd i ansiktet.

Jag kände starkt faran att bli betraktad som avvikande därför att jag innerst misstänkte att jag var det. Jag var uppslukad av intressen som ingen normal pojke skulle ha. Jag var på frivillig teckning och ritade undervattensscener: fiskar, sjöborrar, krabbor, snäckor. Fröken anmärkte högt att det var mycket »speciella« teckningar jag gjorde och då kom paniken igen. Det fanns en sorts okänsliga vuxna som hela tiden skulle peka ut mig som udda. Kamraterna var egentligen mer toleranta. Jag var varken populär eller mobbad.

Hasse, en stor mörk kille som var fem gånger starkare än jag, hade för vana att brotta ner mig varje rast under det första skolåret. I början gjorde jag häftigt motstånd men det tjänade ingenting till, han la ner mig i alla fall och triumferade. Till sist fann jag på en metod att göra honom besviken: total avslappning. När han närmade sig låtsades jag att det som var Jag Själv hade flugit iväg och bara lämnat kvar ett lik, en livlös trasa som han fick trycka ner bäst han ville. Det tröttnade han på.

I never had to evacuate. Life at school carried on. I spent the entire time longing for the day to end so I could dive into my real interests: Africa, the underwater world, the Middle Ages, etc. The only thing at school that truly captivated me was the selection of wall charts. I was a wall chart enthusiast. My greatest joy was being asked to accompany our teacher to the storeroom to retrieve one or another well-worn cardboard chart. I could peek at all the other ones hanging there. At home, I tried my best to make some of my own.

One important difference between my life and that of my classmates was that I couldn't produce a father. The majority of students came from working-class families, where divorce was apparently quite rare. I never wanted to acknowledge there was something strange about my family situation. Not even to myself. No, of course I had a father, even though I only saw him once a year (usually on Christmas Eve). And I kept track of him—for example, during the war he'd spent some time on a torpedo boat and wrote me a funny letter from there. I would've liked to show this letter to my class, but the opportunity never came up.

I remember a moment of panic. I'd been absent from school for a couple of days and when I returned a friend reported that the teacher—not Miss R. but a substitute—had told the class they shouldn't tease me because, unlike them, I had no father. In other words, they should feel sorry for me. I panicked when I heard that. Clearly, I was abnormal. I tried to explain it all away, beet red in the face.

I felt a powerful danger in being seen as abnormal, because deep down I suspected I was. I was consumed by interests no normal boy would have. Of my own accord, I made sketches and drew underwater scenes: fish, sea urchins, crabs, snails. When the teacher remarked aloud that my drawings were very "special," my panic returned. There was a certain kind of insensitive adult who'd always single me out as odd. My classmates were actually more tolerant. I was neither popular nor bullied.

Hasse, a big dark-haired guy who was five times stronger than I was, used to wrestle me to the ground during every recess that first year of school. In the beginning I resisted fiercely, but it didn't help. He took me down anyway and triumphed. In the end, I found a way to disappoint him: total relaxation. Whenever he approached, I pretended that what was once I-Myself had flown away and all that remained was a corpse, a lifeless rag for him to push around as best he could. He got tired of that.

Jag funderar på vad metoden att förvandla sig själv till en livlös trasa kan ha betytt för mig längre fram i livet. Konsten att bli överkörd med bibehållen självkänsla. Har jag inte tillgripit den för ofta? Ibland fungerar den, ibland inte.

I wonder what the practice of turning myself into a lifeless rag has done for me later in life. The art of maintaining self-esteem while being persecuted. Haven't I resorted to that too often? Sometimes it works, sometimes not.

KRIGET

Det var vår 1940. Jag var en mager spinkig 9-åring som satt lutad över krigskartan i tidningen där de tyska pansardivisionernas offensiv fanns utritad med svarta pilar. Pilarna trängde in i Frankrike och levde också som parasiter i kroppen på oss Hitlers fiender. Jag räknade mig verkligen dit. Aldrig har jag varit så helhjärtat engagerad i politiken!

Det utmanar onekligen löjet att skriva om 9-åringens politiska engagemang, men det handlade inte om politik i egentlig mening. Det var bara så att jag deltog i kriget. Om samhällsfrågor, om klasser, fackföreningar, ekonomi, resursfördelning, socialism kontra kapitalism och så vidare hade jag inga begrepp alls. »Kommunist« var beteckning på en person som höll på Ryssland. »Högern« var en smula skumt därför att delar av detta parti lutade åt Tyskland. Vad jag i övrigt förstod av högern var att man röstade på det om man var rik. Men vad menades egentligen med att vara rik? Vi var vid några tillfällen middagsgäster hos en familj som beskrevs som rik. De bodde i Äppelviken, herrn i huset var grosshandlare. En stor villa, tjänstefolk i svart och vitt. Jag noterade att pojken i familjen – som var jämngammal med mig – hade en fantastiskt stor leksaksbil, en brandbil, mycket åtråvärd. Hur fick man tag på en sådan? Ett ögonblick skymtade en insikt om att familjen hörde till en annan samhällsklass, en där man hade råd med ovanligt stora leksaksbilar. Det förblir ett lösryckt och inte särskilt viktigt minne.

Ett annat minne: under ett besök i en klasskamrats hem förvånade det mig att man inte hade WC utan ett torrdass på gården som vi hade på landet. Man fick kissa i en utrangerad kastrull som mamman hällde ut i slasken i köket. Det var en pittoresk detalj. I övrigt tänkte jag inte på att familjen saknade ett och annat. Och villan i Äppelviken föreföll mig inte anmärkningsvärd. Jag befann mig mycket långt från den förmåga som många tycks ha redan tidigt i livet – att med en enda blick uppfatta omgivningens klasstillhörighet och ekonomiska standard. Många barn tycks kunna det, inte jag.

Mina »politiska« instinkter inriktades helt på kriget och nazismen. Jag trodde att man antingen var nazist eller anti-nazist. Den i Sverige utbredda ljumheten, den avvaktande opportunismen, förstod jag mig inte på. Jag tolkade den som antingen ett outtalat stöd för de allierade, eller som förtäckt nazism. När det gick

THE WAR

It was the spring of 1940. I was a lean, lanky nine-year-old who sat hunched over the war map in the newspaper that charted the German tank offensive with black arrows. Those arrows invaded France and occupied the bodies of us Hitler-enemies like parasites. I actually counted myself among his enemies. I've never been so wholeheartedly involved in politics!

Writing about the political engagements of a nine-year-old is sure to spark ridicule, but strictly speaking, it wasn't about politics. It was the only way I could participate in the war. When it came to societal and class issues, labor unions, the economy, resource allocation, the question of socialism versus capitalism, etc., I had no idea what was going on. A "Communist" was someone who rooted for Russia. The "Right Wing" was a bit shady because certain sectors of that party sided with the Germans. I understood that you voted for them if you were rich. But what did it actually mean to be rich? On a few occasions, we were the dinner guests of a family who'd been described as rich. They lived in Äppelviken, and the man of the house was a wholesaler. A large villa, servants in black and white. I noted that the boy in the family—who was my age—had a fantastically large toy car, a fire truck, very desirable. How do you come by such a thing? I had a flash of insight that this family belonged to a different social class, one where you could afford unusually large toy cars. It endures as a detached and not especially important memory.

Another memory: during a visit to a classmate's home, I was surprised to see they didn't have a bathroom, but an outhouse in their backyard like the one we had in the country. We had to pee in an old saucepan, which my friend's mother then poured down the kitchen sink. It was a quaint detail. Otherwise, I didn't think the family lacked a single thing. And the villa in Äppelviken never struck me as exceptional. I was far from having the ability that most seem to acquire early in life of perceiving, at a glance, the social class and financial standing of their given surroundings. Many children seemed able to do this, but not I.

My "political" instincts were focused entirely on the war and Nazism. I thought you were either a Nazi or an anti-Nazi. I didn't understand the widespread, half-hearted, wait-and-watch, opportunistic attitude that existed in Sweden. I interpreted it as either unspoken support for the Allies, or disguised Nazism. When

upp för mig att någon person jag tyckte om egentligen var »tyskvänlig« kände jag omedelbart ett förfärligt tryck över bröstet. Allt var förstört. Det kunde aldrig bli någon gemenskap mellan oss.

Av de närstående förväntade jag mig reservationslös uppslutning. En kväll när vi var hemma hos morbror Elof och moster Agda hörde jag efter nyheterna – min stillsamme morbror säga: »Och engelsmännen gör framgångsrika reträtter . . .« Han sa det närmast med beklagande men jag märkte att det fanns något ironiskt i kommentaren (ironi var honom annars i stort sett främmande) och jag kände genast trycket över bröstet. Den allierade historieskrivningen fick aldrig ifrågasättas. Jag stirrade bistert upp mot lampan i taket. Man kunde finna tröst i den lampan. Den var formad på samma sätt som de engelska stålhjälmarna: som en sopptallrik.

På söndagarna åt vi ofta middag hos min andra moster- och morbrorfamilj, den i Enskede, som fungerade som en sorts stödfamilj för mamma efter skilsmässan. Det hörde då till ritualen att sätta på BBC:s svenska utsändningar i radion.

Programmets anrop glömmer jag aldrig. V-signalen hördes och därefter signaturmelodin som uppgavs vara »Trumpet Voluntary av Purcell« (men som i själva verket var ett svällande arrangemang av ett cembalostycke av Jeremiah Clarke). Hallåmannens lugna röst, med en lätt brytning, talade direkt till mig från en värld av vänliga hjältar som lät affärerna gå vidare trots att det regnade bomber.

När vi satt på förortståget mot Enskede ville jag alltid att mamma – som avskydde att väcka uppseende – skulle veckla ut propagandatidningen NYHETER FRÅN STORBRITANNIEN och på så sätt tyst offentliggöra var vi hörde hemma. Hon gjorde nästan allt för mig, även detta.

Pappa träffade jag sällan under krigsåren. Men en dag dök han upp och hämtade mig till en bjudning med journalistkamrater. Glasen stod framme, det var sorl och skratt och mycket cigarettrök. Jag gick runt och hälsade och svarade på frågor. Det rådde en uppsluppet tolerant stämning och man fick göra som man ville. Jag drog mig undan och strök längs bokhyllorna i det främmande hemmet.

Där stod en nyutkommen bok, POLENS MARTYRIUM. Dokumentarisk. Jag slog mig ned på golvet och läste den praktiskt taget från pärm medan rösterna sorlade ovanför. Den fruktansvärda boken – som jag aldrig åter sett – den innehöll vad jag fruktat, eller kanske snarare vad jag hoppats. Nazisterna var så omänskliga

it dawned on me that someone I liked was actually "pro-German," I instantly felt a terrible pressure in my chest. Everything was ruined. There could never be any solidarity between us.

I expected unwavering support from those closest to me. One evening, after listening to the news while visiting Uncle Elof and Aunt Agda, I overheard my normally tranquil uncle say: "And the English are successfully retreating . . ." He said it almost with regret, yet I picked up on something ironic in his tone (when irony was largely foreign to him) and immediately felt that pressure in my chest. The Allied version of history was never to be challenged. I stared sternly up at the ceiling lamp. You could find comfort in that lamp. It was shaped like a British steel helmet: like a soup tureen.

On Sundays, we often had dinner with my other aunt and uncle (on my mother's side), the ones in Enskede who'd served as a kind of support family for her after the divorce. Part of the ritual was tuning into the BBC's Swedish radio broadcasts.

I'll never forget how the program opened. First, there was the V signal and then the signature tune, which was reported as being Purcell's Trumpet Voluntary (but was, in fact, a grand arrangement for harpsichord by Jeremiah Clarke). The announcer's calm voice, with a slight accent, spoke directly to me from a world of friendly heroes who allowed business to carry on despite the rain of bombs.

Whenever we took the regional train out to Enskede, I always wanted my mother—who detested attracting attention—to open up the propaganda paper *News from Great Britain,* and thus quietly make our position known. She'd do just about anything for me, including this.

I rarely saw Dad during the war years. But one day he showed up and brought me along to a party with fellow journalists. The drinking glasses stood ready; there was murmuring and laughter and a lot of cigarette smoke. I walked around saying hi and answering questions. The general feeling was cheerful and tolerant, and you could do as you pleased. I bowed out and edged my way along the bookshelves of this strange house.

There, I came across a recently published book, *The Martyrdom of Poland.* A documentary. I settled down on the floor and read it practically cover to cover while the voices murmured above me. The terrible book—which I've never seen again—contained what I feared, or perhaps what I was hoping for. The Nazis were

som jag förställt mig, nej de var värre! Jag läste fascinerad och illamående och samtidigt växte en triumfkänsla fram: jag hade haft rätt! Allt stod i boken, det var bevisat. Vänta bara! En gång ska det här avslöjas, en gång ska ni som har tvivlat få sanningen kastad i ansiktet. Vänta bara! Och så blev det ju också.

as inhuman as I'd imagined. No, they were worse! I read fascinated and nauseated and, at the same time, felt a growing sense of triumph: I'd been right! It was all in the book; here was the proof. Just wait! One day, it will all be revealed; one day, those of you who doubted will have the truth thrown back in your faces. Just wait! And so, of course, that's what happened.

BIBLIOTEK

Medborgarhuset byggdes omkring 1940. En stor fyrkantig kloss mitt på Söder men också en ljus löftesrik byggnad, modern, »funkis«. Den låg bara fem minuter från huset där vi bodde.

I Medborgarhuset inrymdes bland annat ett offentligt bad och stadsbiblioteket. I ena ändan barnavdelningen, i den andra vuxenavdelningen. Jag hörde av naturnödvändighet till barnavdelningen och där fanns också till en början böcker så att det räckte till för mig. Viktigast var Brehm: »Djurens Liv«.

Jag slank in på biblioteket nästan varje dag. Helt bekymmersfritt var det dock inte. Det hände vid något tillfälle att jag lånade böcker som bibliotekstanterna inte ansåg lämpliga för min ålder. Det gällde till exempel Knud Holmboes våldsamma dokumentärskildring »Öknen brinner«.

– Vem ska ha den här boken?

– Jag . . .

– Ånej.

– Jag . . .

– Du kan hälsa din pappa att han kan komma hit och låna själv.

Ännu värre var det när jag försökte ta mig in på vuxenavdelningen. Jag behövde en bok som absolut inte fanns på barnavdelningen. Jag hejdades vid ingången.

– Hur gammal är du?

– 11 år.

– Då får du inte låna här. Du är välkommen tillbaka om några år.

– Ja men det är en bok som bara finns här.

– Vadå för en bok?

– »Den skandinaviska djurvärldens invandringshistoria«. Av Ekman tillfogade jag dovt, med en känsla av att spelet var förlorat. Ja, mycket riktigt, det var stopp. Jag rodnade, jag var rasande. Jag skulle aldrig förlåta henne!

Emellertid ingrep nu min tystlåtna morbror Elof, han gav mig sitt kort på vuxenavdelning och fiktionen uppehölls att jag skulle låna åt honom. Jag kunde nu tåga in på vuxenavdelningen.

LIBRARIES

Medborgarhuset (The Citizen's House) was built around 1940. A large rectangular block in the middle of Söder, but also a bright, promising building: modern, "functionalist." It was just a five-minute walk from where we lived.

Among other things, it housed a public bath and the city library. The children's section was at one end, and the adult's section was at the other. Naturally, my rightful place was in the children's area—which also had books, so, in the beginning, it was sufficient for me. The most important one was Brehm's *Lives of Animals*.

I'd drop by the library almost every day. But it wasn't entirely trouble-free. There were times when I wanted to borrow books that the librarians felt were unsuitable for my age. This was the case, for example, with Knud Holmboe's violent nonfiction, *The Desert Is On Fire.*

"Who's going to read this book?"

"I am . . ."

"No, no."

"I . . ."

"You can tell your father to come here and borrow it himself."

It was even worse if I tried to enter the adult section. I needed a book that was definitely not in the children's area. I was stopped at the entrance.

"How old are you?"

"Eleven."

"Then you can't borrow from here. You're welcome to come back in a few years."

"Yes, but it's a book that can only be found here."

"What book?"

"The Migratory History of Scandinavian Animals." And I softly added, "by Ekman," having a feeling the game was lost. And sure enough, it was. I blushed. I was furious. I'd never forgive her!

However, my taciturn Uncle Elof intervened. He gave me his library card and then we kept up the fiction that I was borrowing books for him. From that point on, I could march right in.

Den låg vägg i vägg med badhuset. Vid entrén kände man ångorna från bassängerna, klorlukten som trängde in genom ventilerna och man hörde rösterna avlägset eka från badet. Det är ju alltid en sån underbar akustik på badinrättningar. Hälsans tempel och böckerna bodde grannar, det kändes festligt.

Jag förblev medborgarhusfilialen trogen många år. Jag ansåg den klart överlägsen huvudbiblioteket på Sveavägen – där miljön var tyngre och luften stod stilla, inga klorångor, inga ekande röster. Lukten av böcker var annorlunda där, den gav huvudvärk.

Nar jag släpptes lös på biblioteket ägnade jag mig mest åt fackböckerna. Skönlitteraturen lämnade jag åt sitt öde. Även avdelningar som Ekonomi och Samhällsfrågor. Historia däremot var intressant. Medicin skrämde mig.

Men Geografi var ett gynnat område. I synnerhet höll jag till framför Afrikahyllan, som var omfångsrik. Jag minns fortfarande flera av titlarna: »Kring Mount Elgon«, »En hötorgsgrabb i Afrika«, »Skisser från öknen« . . . Undras om det finns kvar någon av de böcker som på den tiden fyllde hyllan.

En som hette Albert Schweitzer hade skrivit en bok med den lockande titeln »Mellan urskog och vatten«. Den innehöll mest funderingar om livet. Men han, Schweitzer, höll sig mest stilla på sin missionsstation och *förflyttade* sig inte, han var ingen riktig upptäcktsresande. Som Gösta Moberg till exempel som avverkade mil efter mil (varför?) och det mycket lockande och okända trakter, Niger, Tchad, länder som det annars inte fanns någon litteratur om på biblioteket. Där favoriserades Kenya och »Tanganjika«, gamla svenskbygder. Turister som åkte båt på Nilen ner till Sudd-området och sedan vände, de skrev böcker. Men ingen som reste i de torra delarna av Sudan, ingen som satt sin fot i Kordofan eller Dar Fur. De portugisiska kolonierna Angola och Moçambique, som såg så stora ut på kartan var också okända och försummade områden på Afrikahyllan – det gjorde dem extra lockande.

Jag läste en hel del böcker stående inne på biblioteket – jag ville inte låna hem för många böcker av samma sort, eller samma bok flera gånger i rad. Jag hade en känsla av att jag då kunde bli kritiserad av någon bibliotekstjänsteman och det måste till varje pris undvikas.

En sommar – jag minns inte vilken – levde jag i en stor och uthållig dagdröm om Afrika. Det var på Runmarö, långt från bibliotek. Jag avskärmade mig och gick in i den fantasin att jag ledde en expedition tvärs genom Centralafrika. Jag

The adult section shared a wall with the pool. At the entrance, you could feel the steam, catch a whiff of chlorine coming through the vents, and hear voices echoing in the distance. The acoustics are always so wonderful in places with swimming pools. The temple of health and the books lived as neighbors; it felt festive.

I remained loyal to the Medborgarhus branch of the library for many years. I thought it was clearly superior to the main branch on Sveavägen—where the surroundings felt heavier and the air was too still—no chlorine fumes, no echoing voices. The smell of books there was also different, and gave me headaches.

When I was let loose in the library, I dedicated most of my time to books of nonfiction. I left Fiction to its own fate, along with sections like Economics and Social Affairs. History, on the other hand, was of interest. Medicine terrified me.

But Geography was my favorite. Specifically, I'd park myself in front of the Africa shelf, which was extensive. I still remember several of the titles: *Around Mount Elgon; A Market Boy in Africa; Sketches from the Desert* . . . I wonder if any of those books are still there.

Someone named Albert Schweitzer had written a book with the captivating title *Between the Primeval Forest and Water.* It consisted mainly of his musings on life. But for the most part, Schweitzer stayed put at his mission outpost and didn't *go anywhere;* he wasn't a real explorer. Like Gösta Moberg, for example, who covered mile after mile (why?) in very alluring unknown regions, such as Niger and Chad, countries that otherwise weren't well represented in the library's literature. Kenya and "Tanganyika" were favored because they had old Swedish settlements. Tourists who boated down the Nile to the swampy Sudd region and then turned back—they wrote books. But not those who ventured into the arid parts of Sudan, or those who set foot in Kordofan or Darfur. The Portuguese colonies of Angola and Mozambique, which looked so large on the map, were also unknown and neglected areas on the Africa shelf—which made them especially appealing.

I read a fair number of books while standing in the library—I didn't want to bring home too many books on the same topic, or the same book several times in a row. I felt I'd be criticized by one of the library clerks, and this had to be avoided at all costs.

One summer—I don't remember which one—I inhabited a vast and continuous daydream about Africa. This was on Runmarö, far from the library. I withdrew into a fantasy that I was leading an expedition across Central Africa. I walked and walked

vandrade och vandrade i skogarna på Runmarö och höll reda på ungefär hur långt jag gått och prickade in den sträckan på en stor Afrikakarta, Afrika i helfigur, som jag ritat. Om jag exempelvis räknat ut att jag under en vecka gått 120 km på Runmarö ritade jag in 120 km på kartan. Det var inte mycket.

Först hade jag tänkt starta expeditionen på östkusten, ungefär där Stanley gjorde det. Men det blev en för lång sträcka innan jag kom fram till de mest intressanta trakterna. Jag ändrade mig därför och tänkte mig att jag färdats med bil ända till Albert Nyansa. Och där började den egentliga expeditionen, till fots. Jag skulle då i alla fall ha en rimlig chans att avverka större delen av Ituri-skogen innan sommaren tog slut.

Det var alltså en 1800-talsexpedition, med bärare och så vidare. Emellertid var jag halvt medveten om att det var ett föråldrat sätt att färdas numera. Afrika hade förändrats. I Brittiska Somaliland förde man krig, det hörde man i dagsnyheterna. Pansarbilar förekom. Det var ju i själva verket det första område där de allierade hade framgång under kriget – det noterade jag förstås – och Abessinien var det första land som befriades från axelmakterna.

När min Afrikadröm återkom några år senare hade den moderniserats och blivit nästan realistisk. Jag tänkte mig att bli entomolog och samla insekter i Afrika, upptäcka nya arter i stället för nya öknar.

through the forests of Runmarö, roughly keeping track of how far I went and marking that stretch with a dotted line on a large map of Africa—the entire length of Africa—which I had drawn myself. If, for example, I calculated that I'd covered 120 kilometers on Runmarö over the course of a week, I marked 120 kilometers on the map. It was never far.

At first, I thought about starting my expedition on the east coast, around where Stanley began his. But that would mean too long of a stretch before I came to the most interesting parts. So, I changed my mind and imagined that I had traveled by car all the way to Albert Nyanza. And that's where the actual expedition began, on foot. This way, I'd have at least a reasonable chance of covering the largest tracts of the Ituri Rainforest before summer ended.

It was a 19th-century expedition, with porters and so forth. But I was partially aware that this was now an outmoded form of travel. Africa had changed. War had been waged in British Somaliland, according to the daily news. Armored tanks were on the move. This was, in fact, the first region where the Allies succeeded during the war—I made note of that, of course—and Abyssinia was the first country to be liberated from the Axis powers.

When my African dream returned some years later, it had been modernized and was almost realistic. I was considering becoming an entomologist and collecting insects in Africa, discovering new species instead of new deserts.

REALSKOLA

Bara ett par av mina klasskamrater från folkskolan drevs vidare till realskolan. Och ingen utom jag sökte till HÖGRE ALLMÄNNA LÄROVERKET FÖR GOSSAR Å SÖDERMALM, det vill säga Södra Latin.

Det var inträdesprov till läroverket. Av proven minns jag bara att jag stavade fel på ordet »särskilt«. Jag stavade med två L. Därvid uppstod en störning kring ordet, som hängde med långt in på 1960-talet.

Jag minns tydligt min första skoldag i Södra Latin höstterminen 1942. Min minnesbild ser ut så här. Jag befinner mig bland idel okända elvaåriga pojkar. Det kryper i magen av nervositet, jag är osäker och ensam. Men några av de andra tycks känna varandra väl – de som kommer från Maria Förberedande. Jag spanar förgäves efter något ansikte från Katarina Norra. Stämningen är ungefär hälften dyster oro och hälften förväntan och hopp.

Alla ropas upp och fördelas på tre klasser. Jag ska till klass 1^5b, och uppmanas följa Dr Mohlin, min klassföreståndare. En av de äldsta lärarna. Hans ämne är tyska. Det är en liten man med en sorts kattlik auktoritet. Han rör sig snabbt och tyst, han har borstigt, motvilligt grånande hår och kala vinklar i pannan. Jag uppsnappar ett omdöme från någon kännare i närheten: Målle – som han kallas – är »sträng men rättvis«. Olycksbådande.

Redan från början stod det klart att läroverket var något helt annat än folkskolan. Södra Latin var alltigenom maskulinum, skolan var lika enkönad som ett munkkloster eller kasern. Först några år senare smög man in ett par kvinnor i lärarkåren.

Varje morgon samlades alla elever i aulan, sjöng psalmer och åhörde en predikan av någon av kristendomslärarna. Därefter avtåg till respektive klassrum. Den kollektiva södralatinstämningen finns förevigad i filmen *Hets* som spelades in i skolan vid denna tid. (Vi som gick i skolan då finns med i några filmavsnitt som statister.)

Vi var alla försedda med en skolkatalog som bland annat innehöll »Läroverksstadgans föreskrifter angående ordning och tukt«:

> Lärjunge infinne sig till undervisningen på utsatt klockslag, snygg
> och ordentligt klädd samt försedd med nödiga läroböcker, iakttage

SECONDARY SCHOOL

Only a couple of my classmates from elementary school went to secondary school, or *realskola.* And I was the only one who applied to the Public Higher Educational Institute for Boys in Södermalm, otherwise known as Södra Latin.

We had to take entrance exams. Of those tests, all I can remember is misspelling the word *särskilt* (especially), giving it two *l*s. After that, *särskilt* caused me trouble well into the 1960s.

I clearly remember my first day at Södra Latin in the fall of 1942. Here's what I can still picture. I'm surrounded by unfamiliar eleven-year-old boys. I've got butterflies in my stomach, feeling unsure and alone. Some of the students seem to know one another well—those who've come from Maria Preparatory. I search in vain for a face from Katarina North, feeling equal parts sullen angst and eager hope.

Everyone's name is read out and we're divided into three classes. I'm assigned to class 15b, and asked to follow Dr. Mohlin, my homeroom teacher. One of the oldest ones. His subject is German. He's a short man with a kind of catlike authority. He moves quickly and quietly, has bristly, reluctantly graying hair and a bald-cornered forehead. I overhear a verdict from an authority standing nearby: Målle—as he's called—is "strict, but fair." Ominous.

Right from the start, it was clear that secondary school was altogether different from elementary school. Södra Latin was masculine through and through, as single-sex as a monastery or barracks. Just a few years later, a couple of women managed to sneak onto the teaching staff.

Each morning the students all gathered in the auditorium, sang hymns, and listened to a sermon given by one of the Christianity teachers. Then we marched off to our respective classrooms. The collective atmosphere of Södra Latin is immortalized in the film *Torment,* which was filmed at the school during this time period. (Those of us who were there appear as extras in a few scenes.)

We were all given a handbook that, among other things, included "The Institute's Regulations on Order and Discipline":

> Pupil shall arrive for instruction at the specified time, neatly and
> properly dressed and possessing the required textbooks, observe

ordning och städat uppträdande samt följe undervisningen med uppmärksamhet. Likaledes infinne sig lärjunge på utsatt tid vid den bestämda morgonandakten och övervare denna med stillhet och uppmärksamhet . . .

För läroverkets lärare vise lärjunge aktning och lydnad samt mottage fogligt deras föreskrifter, tillrättavisningar och bestraffningar . . .

Södra Latin låg högst på Söder, skolgården bildade en platå ovanför de flesta av stadsdelens tak. Skolbyggnadens tegel syntes på långt håll. Vägen till denna suckarnas borg tillryggalade jag i allmänhet halvspringande. Jag passerade kristidens långa höga vedtravar framför Björns Trädgård, tog mig uppför Götgatan – med Hansson & Bruces bokhandel – svängde till vänster in på Högbergsgatan och där stod varje vintermorgon en häst och tuggade halm ur en påse. En bryggarhäst, en stor ångande ardenner. Jag kom under ett ögonblick in i dess doftskugga och minnet av det tåliga djuret och hur det luktade i fuktig köld ar fortfarande mycket levande. En doft som var på en gång kväljande och tröstande.

Jag rusade in på skolgården ungefär när ringklockorna bjällrade för morgonandakt. Jag kom nästan aldrig för sent, allt var väl tajmat mellan klockan 7 och 8 på morgonen. Fjädern var hårt spänd inför dagen.

Slutet på skoldagen var naturligtvis lugnare och mindre reglerad. Ibland följde jag Palle hem. Min närmste vän under det första skolåret var nämligen Palle. Han hade en hel del gemensamt med mig: hans pappa var frånvarande – fadern var sjöman – och han var enda barnet till en snäll mamma som verkade glad att se mig. Palle hade utvecklat en massa endabarnslater liksom jag, han levde för sina intressen. Han var framför allt samlare. Av vad? Av allt. Av ölmärken, tändsticksetiketter, värjor, flintyxor, frimärken, vykort, snäckor, etnografiska prylar och benknotor.

I hans av samlarobjekt översvämmade hem duellerade vi med värjorna. Vi företog tillsammans utgrävningar på ett hemligt ställe på Riddarholmen och fick upp skelettdelar som min tandläkare identifierade som »delar av en människa«.

Det var berikande att umgås med Palle men så småningom gled vi ifrån varann. Högre upp i realskolan blev Palle borta långa tider för sjukdom. När han flyttades

order and appropriate behavior, and pay close attention to the
lesson. Likewise, the pupil shall arrive at the appointed time for
the morning devotional and listen quietly and attentively . . .

The pupil shall respect and obey the teachers of the institution,
and comply with their rules, admonitions and punishments . . .

Södra Latin sat at the highest point in Söder, and its playground formed a
plateau over most of the rooftops in the district. The brick building could be seen
from a distance. I usually made my way to this castle of sighs in a half run. I'd pass
the long tall woodpiles in front of Björn's Garden that date back to the crisis years,
take myself up Götgatan—with Hansson & Bruce's Bookstore—and turn left onto
Högbergsgatan, where every winter morning a horse would be standing, chewing
straw from a feedbag. A dray horse, a large steaming Ardennes. For just a moment,
I'd enter its scent shadow, yet the memory of that hardy animal and the way it
smelled in the damp cold is still very much alive. A scent that was both nauseating
and comforting.

I'd rush into the playground right around the time the bells rang for morning
devotions. I almost never arrived late; everything between the hours of seven and
eight in the morning was well timed. The day's spring was tightly coiled.

After school, of course, the day was more relaxed and less regulated.
Sometimes I followed Palle home. He was my closest friend during that first year.
We had a lot in common: his dad was absent—his father was a sailor—and he
was the only child of a nice mother who always seemed pleased to see me. Like
me, Palle had developed many of the mannerisms of an only child; he lived for
his interests. Above all, he was a collector. Of what? Of everything. Of beer labels,
matchboxes, swords, flint axes, stamps, postcards, seashells, ethnographic stuff,
and bones.

At Palle's house, which overflowed with his collections, we'd duel with
the swords. And together we'd go on archeological digs at a secret spot on
Riddarholmen, unearthing skeletal remains that my dentist later identified as "parts
of a human being."

Hanging around with Palle was enriching, but eventually we drifted apart. A bit
later in secondary school, Palle was absent for long periods due to an illness. When

till en annan klass bröts kontakten. Min gamle vän var mycket långt borta. I själva verket var Palle dödsmärkt: Han visade sig nu bara tillfälligt i skolan, blek och allvarlig, med ena benet amputerat. När han dog kunde jag inte alls ta till mig detta faktum. Jag fick dåligt samvete, men vägrade att känna det. Det kändes som om jag borde tränga bort minnet av allt skoj vi haft.

Palle som dog för 45 år sen utan att ha blivit vuxen, med honom känner jag mig jämnårig. Men mina gamla lärare, »gubbarna« som de kallades allihop, de förblir gubbar i minnet, trots att de äldre av dem var i den ålder jag är just nu när jag skriver det här. Man känner sig alltid yngre än man är. Inom mig bär jag mina tidigare ansikten, som ett träd har sina årsringar. Det är summan av dem som är »jag«. Spegeln ser bara mitt senaste ansikte, jag känner av alla mina tidigare.

De lärare som tar störst plats i minnet är naturligtvis de som skapade högspänning, de utlevande färgstarka originalen. De var inte i majoritet, men de var många. Hos några fanns en tragik som också vi kunde ana. Ett nödläge som såg ut så här: jag vet att jag inte kan bli älskad av de där avundsvärda kålhuvena som jag har framför mig, vet att jag inte kan bli älskad men jag ska åtminstone se till att jag blir oförglömlig!

Klassrummet var en teater. På scenen framträdde huvudrollsinnehavaren, läraren, obarmhärtigt granskad. Eleverna var publik och ibland – en och en – medspelare i dramat.

Man måste hela tiden var på sin vakt. De återkommande aggressionsutspelen måste jag vänja mig vid. Fröken i folkskolan hade lagt en god grund för det – hon hade varit sträng och hårdhänt. Dock ingen riktig teatermänniska. Hemifrån hade jag inga lärdomar att hämta. Det förekom knappast några uppträden hemma, inga spektakel, ingen rytande fadersgestalt. Mamma var spontan men odramatisk. Att visa ilska var barnsligt. Jag som ofta varit så arg under barndomen var numera en ganska behärskad gosse. Mina ideal var engelska – a stiff upper lip. Raseriutbrott var axelmakternas sak.

I skolan fanns koleriska divor som kunde ägna större delen av en lektion åt att bygga upp ett torn av hysterisk indignation, bara för att kunna utgjuta sin vredes skålar därifrån.

Min klassföreståndare Målle var förvisso ingen diva. Men han var ett offer för en regelbundet återkommande oemotståndlig vrede. Målle var egentligen en charmerande människa och en god pedagog under sina mer harmoniska perioder.

they switched him to another class, we lost touch. My old friend was very far away. In fact, Palle was doomed: he now appeared at school only occasionally, pale and serious, with one leg amputated. When he died, I simply couldn't process the fact. I had a guilty conscience, but refused to acknowledge it. It felt as if I was supposed to erase all memory of the fun we had.

I feel as if I'm the same age as Palle, even though he died 45 years ago without having grown up. But my old teachers, the "old men" as we called them, remain old men in my memory, even though the older ones were the age I am now as I write this. You always feel younger than you are. I carry my earlier faces inside me, the way a tree holds its annual rings. It's the sum of all who are "I." The mirror only sees my latest face; I feel all my previous ones.

The teachers who take up the most space in my memory, of course, are the ones who generated excitement—the lively, colorful, eccentric ones. They weren't in the majority, but there were several of them. For some teachers, we could sense there was something tragic. A state of emergency that went something like this: I know I can't be loved by these enviable cabbage-heads in front of me—I know I can't be loved—but I'll at least make sure they don't forget me!

The classroom was a theater. On stage, the lead actor, the teacher, was mercilessly scrutinized. The students were the audience and sometimes—one at a time—fellow actors in the drama.

We always had to be on our guard. I had to get used to recurring acts of aggression. My primary school teacher laid a good foundation for this—she'd been strict and heavy-handed. But she wasn't a real theater person. And I never learned those kinds of lessons at home. At my house, there were hardly any scenes made, no spectacles, no bellowing father figure. Mom was spontaneous but undramatic. Showing anger was childish. I, who'd often been so angry as a young child, was now a fairly restrained boy. My ideal standards were English—a stiff upper lip. Outbursts of rage were an Axis-power thing.

At school, there were ill-tempered prima donnas who could spend most of a lesson building a tower of hysterical indignation, just so they could pour out the bowls of their wrath from up there.

My teacher Målle was certainly no prima donna. But he fell victim to a recurring uncontrollable rage. He was actually a charming person and a good educator during his more harmonious periods. But sadly, his anger is what I remember most.

Men sorligt nog är det hans vrede jag minns bäst. Det är möjligt att de stora utbrotten inte kom oftare än 3 - 4 gånger i månaden. Men det var de stunderna hans stora auktoritet ytterst vilade på.

Sådana lektionstimmar rörde sig åskan fram och tillbaka över landskapet. Att den skulle slå ner visste man, men inte var. Målle hade inga hackkycklingar. Han var »sträng men rättvis«. Vem som helst kunde drabbas.

En dag slog åskan ner hos mig. Vi skulle öppna tyska grammatiken. Jag kunde inte hitta boken. Låg den kvar i portföljen? Hade jag glömt den hemma? Hur som helst, det fungerade inte. Jag kunde inte hitta boken.

– Stå upp!

Jag såg Målle dansa ner från katedern och närma sig. Som när man är ute på ett fält och ser en tjur komma emot sig.

Nu började örfilarna smattra. Jag vacklade hit och dit. I nästa ögonblick var Målle tillbaka i katedern och satt, alltjämt skummande av raseri, och skrev ut en anmärkningslapp till hemmet. Den var vagt formulerad, det stod att jag gjort mig skyldig till »slarv under lektion« eller dylikt.

Det var många lärares förhoppning att skriftiga anmärkningar av det slaget skulle leda till domstolsförhör och förnyad bestraffning i föräldrahemmet.

Så var det ju inte hos oss. Mamma hörde min historia, delgavs anmärkningslappen och skrev på. Hon observerade också att jag hade ett par blåmärken i ansiktet efter pedagogens ringförsedda hand. Hon reagerade oväntat starkt på detta. Hon sa att hon ville kontakta skolan, kanske rentav ring a rektorn.

Då protesterade jag. Det fick inte ske! Allt hade ju gått bra. Men nu hotade Skandalen. Jag skulle bli klassad som morsgris och förföljd i all evighet inte bara av Målle utan av hela lärarkåren.

Hon lät bli förstås. Och under hela min skoltid ansträngde jag mig att hålla skolans värld och hemmets värld isär. Om de båda världarna började läcka in i varann skulle hemmet förorenas. Jag skulle inte längre ha någon riktig tillflyktsort. Än idag känner jag olust när jag hör uttrycket »samverkan mellan hem och skola«. Jag kan också se att isärhållandet av de två världarna hos mig ledde vidare till en mer principiell åtskillnad av privatliv och samhälle. (Det har inget med höger- och vänster-tänkande att göra.) Vad man upplever i skolan projiceras till en bild av samhället. Min totala erfarenhet av skolan var blandad, dock mera mörk än

It's possible that Målle's fits of rage only happened three or four times a month, at most. But ultimately those were the moments on which his great authority rested.

In class periods like those, a thunderstorm moved back and forth over the landscape. We knew that lightning would strike, but not where. Målle didn't have any scapegoats. He was "strict, but fair." Anyone could be struck.

And one day the lightning struck me. We were told to open to our German grammar lesson. I couldn't find my book. Did I leave it in my bookbag? Had I forgotten it at home? Anyway, it was no use. I couldn't find it.

"Stand up!"

I watched Målle trot down the step from his desk and come at me. Like when you're out in a field and see a bull headed your way.

Then came the rain of his slapping. I staggered forward and back. The next minute, Målle was sitting at his desk, still frothing with rage, and writing an incriminating note for home. It was vaguely worded, claiming I was guilty of "carelessness during a lesson," or some such thing.

For many teachers, the hope was that written remarks like these would lead to interrogations and further parental discipline at home.

That wasn't the case at my house. Mom listened to my story, was handed the note and signed it. She noticed that I also had a couple of bruises on my face from the teacher's ringed hand. Her reaction to this was unexpectedly strong. She said she wanted to contact the school, maybe even call the headmaster.

But I protested. That can't happen! Everything had turned out fine. But now there was the threat of A Scandal. I'd be branded a mama's boy and endlessly persecuted, not only by Målle but the entire teaching staff.

She let it go, of course. And throughout my school days, I went out of my way to keep my school life and my home life separate. If the two worlds began to seep into each other, home would be contaminated. I wouldn't have a true refuge anymore. Even today, I feel uneasy when I hear the expression "cooperation between home and school." I also realize that maintaining this separation between my two worlds has led to a more fundamental distinction between private life and society. (This has nothing to do with right- and left-wing thinking.) What you live through in school is projected onto your image of society. My overall experience of school was

ljus. Så här också min bild av Samhället blivit. (Men vad menas egentligen med »samhället«?)

Kontakten mellan lärare och elev var påträngande personlig, viktiga personlighetsdrag förstorades upp i klassrumsatmosfären med de många laddade situationerna. Personligt, ja, men inte ett dugg privat. Vi visste nästan ingenting om våra lärares privatliv trots att de flesta bodde i kvarteren runt skolan. Det gick visserligen rykten – till exempel att Målle varit lättviktsboxare i ungdomen – men de var löst grundade, man trodde egentligen inte på dem. Tillförlitliga fakta hade vi om två av de försyntaste yngre lärarna som aldrig ställde till med någon dramatik. Om den ene att han var fattig och försörjde sig på att spela piano i en restaurang om kvällarna. Han hade iakttagits. Om den andre att han var schackmästare. Det hade stått i tidningen.

En höstdag kom Målle in till lektion med en grönkremla i handen. Han la ifrån sig svampen på katedern. Befriande och chockerande – man hade fått en glimt av hans privata liv! Målle plockade alltså svamp.

Ingen lärare uttalade politiska åsikter. Men vid den här tiden rådde oerhörda spänningar i kollegierummet. Andra världskriget utkämpades också där. Ganska många lärare var övertygade nazister. En av dem lär så sent som 1944 ha utropat – i kollegierummet - »faller Hitler så faller JAG«. Det gjorde han dock inte. Jag fick honom i tyska på gymnasiet. Han återhämtade sig så pass att han kunde hälsa Hesses nobelpris 1946 med triumferande rytanden.

Jag var en hygglig elev, men inte en av de bästa. Biologi borde har varit mitt favoritämne. Men där hade jag en alltför egenartad lärare under större delen av realskoletiden. Han hade en gång förgått sig ohjälpligt, blivit varnad och var numera en slocknad vulkan. Mina bästa ämnen var geografi och historia. Där hade jag extra ordinarie adjunkten Brännman, rödlätt, energisk, en yngre man med att rakt ljust hår som hade en tendens att spreta när han blev arg, vilket skedde ganska ofta. Han var full av god vilja, jag gillade honom. Jag skrev alltid uppsatsämnen hämtade från geografi och historia. Det blev långa uppsatser. Om detta fick jag långt senare höra en historia av en annan södralatinare, Bo Grandien. Bo blev en nära vän till mig under gymnasietiden, men i realskolan kände vi inte varann.

mixed, but had more darkness in it than light. My image of Society has become like this, too. (But what does "society" actually mean?)

The contact between teacher and student was intrusively personal; key personality traits were magnified in a classroom environment that had so many strained situations. Personal, yes, but not at all private. We knew almost nothing about the private lives of our teachers, even though most of them lived in the neighborhoods around school. There were certainly rumors—for example, that Målle was a featherweight boxer in his youth—but they were loosely grounded, and no one actually believed them. We had reliable facts about two of the more discreet younger teachers, who never stirred up any drama. About the one who was poor and supported himself by playing piano at a restaurant in the evenings: he had been seen. About the other one, who was a chess champion: it had appeared in the newspaper.

One day in the fall, Målle came to class with a green russula in his hand. He put the mushroom on his desk. Liberating and shocking—we had gotten a glimpse into his private life! That is to say, Målle was a mushroom picker.

The teachers never expressed political views. But around this time, there was enormous tension in the staff room. World War II was apparently being fought in there, too. Quite a few of the teachers were dedicated Nazis. As late as 1944, one of them reportedly exclaimed—in the staff room—"if Hitler falls, I fall." But he didn't fall. In high school, I had him for German. He'd recovered enough to greet the news of Hesse's 1946 Nobel Prize with a triumphant roar.

I was a decent student, but not one of the best. Biology should have been my favorite subject. But for the better part of secondary school, I had an extremely peculiar teacher. At some point in the past, he completely lost control, received a warning, and become an extinct volcano ever since. My best subjects were geography and history. For those classes, I had Brännman, an extraordinary adjunct professor—ruddy, energetic, a younger man with straight blond hair that tended to stick up when he got mad, which happened quite often. He was full of goodwill, and I liked him. The essays I wrote were always based on geography and history. They were long. Much later, I heard a story about this from another Södra Latin student, Bo Grandien. Bo became a close friend of mine during high school, but we didn't know each other during secondary school.

Bo berättade att han första gången hörde talas om mig när han passerade några av mina klasskamrater under en rast. De hade just fått tillbaka några skrivningar och var missnöjda med betygen. Bo hörde den irriterade repliken:

– Alla kan väl inte skriva LIKA FORT som Tranan heller!

Bo bestämde sig för att »Tranan« var en avskyvärd typ som borde undvikas. För mig är denna historia på något sätt tröstande. Numera känd för bristande produktivitet, var jag tydligen då bekant som snabbskrivare, en som syndade med för stor produktivitet, en ordens stachanovit.

Bo said he'd first heard of me when walking past some of my classmates during a break. They had just gotten back some writing assignments and were unhappy with their grades. Bo heard the irritated reply:

"Not everyone can write AS FAST as Tranan, either!"

Bo decided that "Tranan" was an obnoxious character who should be avoided. This story is somehow comforting to me. Nowadays, I'm known for my lack of productivity, while back then I was clearly thought of as a fast writer, one whose sin was being too prolific, a Stakhanovite of words.

EXORCISM

Vintern när jag var 15 år träffades jag av en stor ångest. Jag fångades in av en strålkastare som sände mörker i stället för ljus. Jag fångades in varje eftermiddag när det började skymma och ångesten släppte inte sitt grepp förrän det dagades följande morgon. Jag sov mycket lite, jag satt upp i sängen, vanligen med en tjock bok framför mig, jag läste flera tjocka böcker den här tiden men egentligen kan jag inte säga att jag läst dem därför att ingenting blev klar in minnet. Böckerna var en förevändning för att ha lampan tänd.

Det började på senhösten. En kväll hade jag varit på bio och sett *Förspillda dagar,* en film om en alkoholist. Han får delirium på slutet – en skakande sekvens som jag kanske skulle tycka var barnslig idag. Men då . . .

När jag hade lagt mig och skulle somna spelade jag upp filmen inombords, som man brukar göra efter biobesök.

Plötsligt förtätades atmosfären i rummet av skräck. Någonting tog mig helt i besittning. Oväntat började min kropp skaka, mest benen. Jag var en mekanisk leksak som skruvats upp och som nu skakade och sprattlade hjälplöst. Det var kramper helt utanför viljans kontroll. Jag hade aldrig varit med om något liknande. Jag skrek på hjälp och mamma kom in i rummet. Så småningom ebbade kramperna ut. De återkom inte heller. Men skräcken fördjupades och blev en ständig följeslagare från skymning till gryning. Den känsla som härskade under nätterna var den skräck som Fritz Lang kommit nära i några scener i *Doktor Mabuses testamente,* framför allt inledningsscenen – ett tryckeri där någon gömmer sig medan maskinerna går och allt vibrerar – jag kände omedelbart igen mig. Men i mina nätter var det tystare.

Den viktigaste dimensionen i tillvaron var Sjukdom. Världen var ett ofantligt sjukhus. Jag såg framför mig människor vanställda till kropp och själ. Lampan brann och försökte hålla de fruktansvärda ansiktena borta, men ibland dåsade jag till, ögonlocken sjönk ner och de fruktansvärda ansiktena var plötslig inpå mig.

Det var tyst men röster arbetade hela tiden inne i tystnaden. Tapetmönstret grimaserade. Då och då bröts tystnaden av en knäppning i väggarna. Framkallad av vad? Av vem? Av mig själv? Det small till i väggen därför att mina sjuka tankar ville det! Så mycket värre . . . Var jag sinnessjuk? På gränsen.

EXORCISM

The winter I turned fifteen, I was struck with extreme anxiety. I was caught in a spotlight that emitted darkness instead of light. It caught me every afternoon at dusk, and the anxiety didn't let me go until the next morning. I hardly slept; I'd sit up in bed, usually holding a thick book. I read several thick books during this time, but can't actually say I read them because I have no clear memory of doing so. The books were an excuse for leaving the lamp on.

It all started in the late fall. One night I went to the movies and saw *Wasted Days*, a film about an alcoholic. By the end, he's in a state of delirium—a disturbing series of scenes that I'd probably consider childish today. But not back then . . .

When I was in bed and ready to fall asleep, I replayed the film in my head, as you often do after going to the movies.

Suddenly, the air in the room was charged with dread. Something took full possession of me. My body immediately began to shake, especially my legs. I was a mechanical plaything that had been wound up and was now helplessly shaking and kicking. The tremors were utterly beyond my control. I'd never experienced anything like it. I screamed for help and my mother came in. Eventually, the tremors subsided. And they never came back. But the fear deepened and became a constant companion from dusk till dawn. The predominant feeling on those nights was like Fritz Lang's terror in certain scenes of *The Testament of Dr. Mabuse*, especially the opening scene: a print shop where someone hides while the machines are running and everything's vibrating. I recognized myself immediately. But *my* nights were quieter.

The most important feature in my existence was Illness. The world was an immense hospital. I kept envisioning people who were deformed in body and soul. The lamp was lit, trying to keep the terrible faces away, but sometimes I dozed off, shut my eyes, and those terrible faces suddenly closed back in on me.

It was quiet, but voices were constantly at work inside of that silence. The patterns in the wallpaper made faces. Every now and then, the stillness was broken by something clicking in the walls. Caused by what? By whom? By me? There was tapping in the wall because my sick thoughts wanted there to be! All the worse . . . Was I insane? On the brink.

Jag var rädd att glida in i vansinne men i övrigt kände jag mig inte personligen hotad av någon sjukdom – det var inte ett fall av hypokondri – nej det var det totala *sjukdomsväldet* som väckte fasan. Som i en film där en harmlös våningsinteriör totalt ändrar karaktär när en ångestframkallande filmmusik kopplas på, så upplevde jag nu yttervärlden på ett nytt sätt därför att medvetandet om *sjukdomsväldet* fanns där. Några år tidigare hade jag velat bli upptäcktsresande. Nu hade jag trängt in i ett okänt land dit jag aldrig velat komma. Jag hade upptäckt en ond makt. Eller rättare sagt: den onda makten hade upptäckt mig.

(Jag läste nyligen om några tonåringar som förlorat all livsglädje därför att de var besatta av föreställningen att aids hade världsherravälde. De skulle ha förstått mig.)

Mamma hade ju varit vittne till kramperna den där senhöstkvällen vid krisens början. Men i fortsättningen måste hon hållas utanför. Alla måste hållas utanför, det som pågick var alltför hemskt för att kunna omtalas. Jag var omgiven av spöken. Jag var också själv ett spöke. Detta spöke gick till skolan varje morgon och satt på lektionerna utan att avslöja sin hemlighet. Skolan hade blivit ett andrum, inte samma ångest där. Det var det privata livet som var hemsökt. Allt var sålunda uppochnervänt.

Vid den tiden var jag misstrogen mot all religion och några böner bad jag inte. Hade krisen kommit några år senare hade jag kunnat uppleva den som ett slags uppenbarelse, något som skulle väcka mig, något som Siddhartas fyra möten (med en åldring, en sjuk, ett lik och en tiggarmunk). Jag hade kunnat känna lite mer medkänsla och lite mindre skräck inför de vanställda sjuka som dök upp i det nattliga medvetandet. Men då, när ångesten var aktuell, stod inga religiöst färgade förklaringar till buds. Inga böner, men försök till djävulsutdrivning medelst musik. Det var på den tiden jag började hamra på pianot på allvar.

Och hela tiden växte jag. Vid höstterminens början var jag en av de minsta i klassen, vid vårterminens slut en av de längre. Som om den ångest jag levde i var ett gödningsmedel som fick plantan att skjuta i höjden.

Vintern led mot sitt slut och dagarna blev längre. Nu inträffade det underbara att mörkret i mitt eget liv också drog sig tillbaka. Det gick gradvis, det dröjde innan jag blev fullt medveten om det. En vårkväll upptäckte jag att ångesten blivit marginell. Jag satt tillsammans med några kamrater och filosoferade (och rökte

I was afraid of slipping into madness, but otherwise didn't feel personally threatened by any kind of illness. This wasn't a case of hypochondria—rather, my terror was sparked by the entire *empire of illness.* As in a movie where the harmless interior of an apartment has a complete change of character when menacing music starts to play, my awareness that this *empire of illness* existed meant I now experienced the outside world in a whole new way. A few years earlier, I had wanted to be an explorer. Now I was forced into an unknown land, where I never wanted to go. I had discovered an evil power. Or, more precisely: the evil power had discovered me.

(I recently read about some teenagers who lost all joy in life because they were obsessed with the notion that AIDS had global domination. They would have understood me.)

My mother witnessed the tremors that late autumn evening when my crisis began. But from then on, she had to be kept out of it. Everyone had to be kept out, since what was going on was far too awful to be discussed. I was surrounded by ghosts. And I myself was a ghost. A ghost that went to school every morning and sat through class without revealing his secret. School had become a refuge; there wasn't the same sense of dread there. It was my private life that was haunted. So, everything had turned upside down.

At that time, I was distrustful of all religion and never prayed. Had the crisis come a few years later, I could have experienced it as a kind of revelation, something that would wake me up, something like Siddhartha's Four Sights (of an elder, a sick person, a corpse, and a begging monk). I would have felt a little more compassion and a little less fear when faced with the deformed, sick people who appeared in my nighttime consciousness. But in the presence of anxiety, religious explanations weren't an option for me. No praying, but attempts at exorcism through music. That's when I started hammering on the piano in earnest.

And that whole time, I was growing. At the beginning of the fall term, I was one of the smallest in my class, and by the end of spring, one of the tallest. As if my anxiety were fertilizer, causing the seedling to shoot up.

Winter came to an end and the days grew longer. And then the wonderful thing happened: the darkness also receded from my life. It left gradually, and it took a while before I was fully aware of this. One spring evening, I noticed that my anxiety had become marginal. I was sitting with some friends, philosophizing (and smoking

cigarr), det var dags att gå hem genom den ljusa vårnatten och det kändes inte alls som om jag skulle möta några fasor där hemma.

Det är ändå något jag varit med om. Kanske min viktigaste erfarenhet. Men den tog slut. Jag trodde det var Inferno, men det var Purgatorio.

cigars), and when it was time to walk home through the bright spring night, there was no feeling whatsoever that I was heading toward that terror at home.

Still, it's something I went through. Maybe the most significant experience I've had. But it ended. I thought it was the Inferno, but it was Purgatory.

LATIN

Hösten 1946 började jag i gymnasiet, på latinlinjen. Jag fick överlag nya lärare. I stället för Målle, Satan, Slöman med flera kom nu sådana som Fjalar, Fido, Lillan, Moster och Bocken. Den sistnämnde var viktigast. Han var klassföreståndare och kom att påverka mig mer än jag ville erkänna på den tiden jag stångades med honom.

Vi hade haft ett ögonblick av dramatisk kontakt något år tidigare, innan han blev min lärare. Jag var sent ute och kom springande i en av skolans korridorer. Från andra hållet kom en annan pojke rusande, en som gick i en parallellklass. Det var G., en känd översittare. Vi tvärbromsade mitt framför varann utan att helt kunna undvika kollisionen. Tvärbromsningar har mycket aggressivitet i sig och vi var ensamma i korridoren. G. grep tillfället att klippa till.

Hans högernäve körde hårt in i maggropen på mig. Det svartnade och jag sjönk ihop på golvet, jag dånade som en mamsell i en 1800-talsroman. G. avlägsnade sig.

När mörkret skingrades blickade jag upp mot en gestalt som stod lutad över mig. En utdraget klagande, sjungande röst upprepade nästan förtvivlat »Hur är det fatt? Hur är det fatt?«. Jag såg ett skärt ansikte och ytterst välputsat kritvitt skägg. Ansiktsuttrycket var bekymrat.

Denna stämma, detta ansikte, tillhörde lektorn i latin och grekiska, Per Venström, alias Pelle Vänster, alias Bocken.

Han höll lyckligtvis inget förhör med mig utan verkade nöjd när han såg att jag kunde gå från platsen på egna ben. Eftersom han verkat äkta bekymrad och nästan hjälpsam grundlades hos mig känslan att Bocken var en innerst välvillig människa. Något av detta satt kvar också längre fram, när vi kom i konflikt med varann.

Bockens yttre var stiligt och ganska teatraliskt. Till det vita skägget bar han vanligen mörk vidbrättad hatt och kort slängkappa. Ett minimum av ytterkläder på vintern. Det gick lätt att associera till Dracula. På avstånd var han suverän och dekorativ, på nära håll hade hans ansikte ofta något hjälplöst över sig.

Det halvt sjungande tonfall som utmärkte honom var en personlig vidareutveckling av det gotländska idiomet.

LATIN

In the fall of 1946, I started the Latin section of high school. For the most part, I had new teachers—instead of Målle, Satan, Slöman, and others, now there were ones such as Fjalar, Fido, Lillan, Moster, and Bocken. The latter was the most important. He was my homeroom teacher and had more of an influence on me than I wanted to admit back when I was butting heads with him.

We had had a moment of dramatic contact a few years earlier, before he became my teacher. I was late for class and came running down one of the school corridors. Another boy, who was in a parallel classroom, came rushing from the other direction. It was G., a famous bully. We braked right in front of each other, not quite managing to avoid a collision. Sudden braking requires a lot of aggression, and we were alone in the corridor. G. seized the opportunity to throw a punch.

He drove his right fist hard into the pit of my stomach. Everything went dark and I sank to the floor, fainting like a mademoiselle in a 19th-century novel. G. vanished.

When the darkness dissipated, I found myself gazing up at a figure standing over me. A drawn-out, wailing, melodic voice was somewhat desperately repeating, "Are you okay? Are you okay?" I saw a pink face and impeccably groomed chalk-white beard. He looked worried.

This voice, this face, belonged to the head lecturer in Latin and Greek, Per Venström, also known as Pelle Vänster, also known as Bocken.

Fortunately, he didn't interrogate me, but seemed pleased to see that I could walk away on my own two feet. Since he appeared to be genuinely concerned and almost helpful, I was left with the impression that Bocken was a very kind person at heart. Some of this feeling stayed with me, even later on, when we clashed.

Appearance-wise, Bocken was handsome and quite theatrical. To compliment the white beard, he usually wore a dark, wide-brimmed hat and short cloak. A minimum of outdoor clothing in winter. He readily brought to mind Dracula. From a distance he looked superior and showy, while up close there was often something helpless about his face.

His distinctive half-singing intonation was his own elaboration on the Gotland idiom.

Bocken led av en kronisk ledsjukdom och haltade svårt. Men rörde sig ändå snabbt. Han gjorde alltid dramatisk entré i klassrummet, portföljen kastades på katedern och redan efter några sekunder stod det klart om humöret var gott eller dåligt. Uppenbarligen påverkades hans onda av väderleken. Kyliga klara dagar blev lektionerna ganska fryntliga. Vid lågtryck och mulet väder kröp lektionerna fram i en dov retlig stämning med oundvikliga vredesutbrott.

Han hörde till den sortens människor som det var omöjligt att föreställa sig i någon annan yrkesroll än lärarens. Man kunde rentav säga att det var omöjligt att föreställa sig honom som något annat än lärare i latin.

Under det andra gymnasieåret kom jag igång med mitt egna modernistiska poesiskrivande. Samtidigt drogs jag till äldre poesi och när latinlektionerna övergick från de historiska texterna om krig, senatorer och konsuler till verser av Catullus och Horatius gled jag villigt in i den diktvärld där Bocken presiderade.

Verstragglandet var lärorikt. Det gick till så här. Eleven fick först läsa en strof, till exempel av Horatius:

> Aequam memento rebus in arduis
> Servare mentem, non secus in bonis
> Ab insolenti temperatam
> Laetitia, moriture Delli!

– Översätt, ropade Bocken.

– Med jämnt sinne ... ähum ... kom ihåg att med jämnt sinne ... nej .. . jämnmod ... att bevara ett jämnt sinne under svåra förhållanden, och inte annorlunda ... hm ... nej, likaledes under god ... goda förhållanden ... äh ... anhålla dig från överdriven ... hm ... livfull glädje, dödlige Dellius!

Nu hade den självlysande romartexten verkligen tagits ner på jorden. Men i nästa ögonblick, med nästa strof, återkom Horatius på latin med versens underbara precision. Detta växelspel mellan det skröpliga triviala och det spänstigt sublima lärde mig en massa. Det var poesins villkor. Det var livets villkor. Genom formen (Formen!) kunde något lyftas. Larvfötterna var borta, vingarna slog ut. Man fick inte förlora hoppet!

Bocken suffered from a chronic degenerative joint disease and had a severe limp. But he could still move quickly. He always made a dramatic entrance into the classroom, tossing his briefcase onto his desk, and after just a few seconds it was clear whether he was in a good or bad mood. Apparently, his pain was affected by the weather. On cold clear days, his classes were quite jovial. On low-pressure and overcast days, the classes crept along in a dull irritable tone and with inevitable outbursts of anger.

He was one of those people you couldn't possibly imagine being anything but a teacher. You could even say it was impossible to imagine him being anything but a Latin teacher.

During the second year of high school, I started writing my own modernist poetry. At the same time, I was drawn to older poetry, so when the Latin classes shifted from historical texts about war, senators, and diplomats to the verses of Catullus and Horace, I willingly slipped into the world of poetry presided over by Bocken.

Struggling through verse was instructive. Here's how it went. First, the student had to read a stanza, for example by Horace:

> Aequam memento rebus in arduis
> Servare mentem, non secus in bonis
> Ab insolenti temperatam
> Laetitia, moriture Delli!

"Translate," Bocken shouted.

"With a level head . . . um . . . remember that with a level head . . . no . . . with equanimity . . . to keep a level head in difficult circumstances, and no differently . . . hmm . . . no . . . and likewise in favorite . . . favorable circumstances . . . ahh . . . refrain from excessive . . . hmm . . . lively delight, O mortal Dellius!"

Now the luminous Roman text had actually been brought down to earth. But in the next moment, with the next stanza, Horace returned with the wonderful precision of his Latin verse. This interplay between fragile triviality and sublime resilience taught me a lot. That was the condition of poetry. It was the condition of life. Through the form (The Form!), something could be raised to a new level. The caterpillar no longer had feet, its wings had opened. Never lose hope!

Tyvärr insåg inte Bocken att jag fängslades av de klassiska verserna. För honom var jag en stillsamt provokativ yngling som publicerat obegripliga »40-talistiska« dikter i skoltidningen – det var hösten 1948. När han såg mina alster, med sina genomgående små bokstäver och frånvaro av skiljetecken, blev han indignerad. Jag ingick i det framträngande barbariet. En sådan måste vara oemottaglig för Horatius.

Bilden av mig mörknade ytterligare under en lektion när vi gick igenom en medeltidslatinsk text om livet på 1200-talet. Det var en mulen dag, Bocken hade ont och raseriet låg på lur. Plötsligt utslungades frågan vem Erik läspe och halte var – han omnämndes i texten. Jag svarade att han var Grönköpings grundläggare. Det var en reflexmässig reaktion för att lätta på den tryckta stämningen.

Nu blev Bocken inte bara arg för ögonblicket, den terminen fick jag »varning« i latin. Varning var ett kortfattat skriftligt meddelande till hemmet att eleven misskött sig i ämnet. Eftersom jag fått överbetyg på latinskrivningarna måste jag uppfatta varningslappen som gällande livet i allmänhet snarare än latinet.

I gymnasiets avslutningsklass blev våra relationer mycket bättre. Vid tiden för studentexamen var de hjärtliga.

Ungefär då började två horatianska strofformer, den sapfiska och den alkaiska, tränga in i mitt eget skrivande. Sommaren efter studenten skrev jag två dikter på sapfisk meter. Den ena var »Ode to Thoreau« – senare nerbantad till »Fem strofer till Thoreau«, sedan de mest juvenila partierna tagits bort. Den andra dikten var »Storm« i sviten »Höstlig skärgård«. Jag vet inte om Bocken någonsin tog del av vad jag skrev när den första boken kom ut.

Klassiska versmått. Hur hade jag kommit på den idén? Den inställde sig bara. Jag betraktade ju Horatius som en samtida. Han var som René Char, Loerke eller Einar Malm. Det var så naivt att det blev sofistikerat.

Unfortunately, Bocken didn't realize that I was fascinated by classic verse. To him, I was a quietly provocative young lad who had published incomprehensible "'40s" poems in the school newspaper—this was the fall of 1948. When he saw my work, with its general lack of capital letters and punctuation, he was indignant. I was part of the advance of barbarism. Such a person would be impervious to Horace.

His image of me darkened further when, in class, we were going through a medieval Latin text about life in the 13th century. It was a cloudy day, so Bocken was in pain and his rage was looming. Suddenly, he threw out the question: "Who was Erik the Lame Lisper?" Erik had been mentioned in the text. I replied that he was the founder of Grönköping. It was a knee-jerk reaction to lighten the tense mood.

Bocken not only got angry at that moment, he gave me a "warning" in Latin that semester. A warning was a brief message written home saying that the student is neglecting the subject. Since I received high grades on my written work in Latin, I assumed the warning had more to do with my life in general than my Latin.

In my final year of high school, our relationship was much better. By graduation, it was rather cordial.

Around that time, two Horatian stanza forms, the sapphic and alcaic, began to find their way into my own writing. The summer after graduation, I wrote two poems in sapphic meter. One was "Ode to Thoreau"—later slimmed down to "Five Stanzas to Thoreau," after the more juvenile parts were removed. The second poem was "Storm" in the suite titled "Autumnal Archipelago." I don't know if Bocken ever acquainted himself with what I was writing when my first book came out.

Classic meter. How did I come up with that idea? It simply presented itself. I'd always regarded Horace as a contemporary. He was like René Char, Loerke or Einar Malm. The idea was so naive, it became sophisticated.

SORGEGONDOLEN / THE SORROW GONDOLA

(1996)

APRIL OCH TYSTNAD

Våren ligger öde.
Det sammetsmörka diket
krälar vid min sida
utan spegelbilder.

Det enda som lyser
är gula blommor.

Jag bärs i min skugga
som en fiol
i sin svarta låda.

Det enda jag vill säga
glimmar utom räckhåll
som silvret
hos pantlånaren.

APRIL AND SILENCE

Spring lies forsaken.
The velvet-dark ditch
crawls by my side
without reflections.

The only thing that shines
are yellow flowers.

I am cradled in my shadow
like a violin
in its black case.

The only thing I want to say
glimmers out of reach
like the silver
at the pawnbroker's.

OSÄKERHETENS RIKE

Byråchefen lutar sig fram och ritar ett kryss
och hennes örhängen dinglar som damoklessvärd.

Som en spräcklig fjäril blir osynlig mot marken
flyter demonen ihop med den uppslagna tidningen.

En hjälm som bärs av ingen har tagit makten.
Modersköldpaddan flyr flygande under vattnet.

INSECURITY'S KINGDOM

The Undersecretary leans forward and draws an X
and her earrings dangle like Damocles's sword.

As a spotted butterfly turns invisible in a field
so the demon blends in with the spread-open newspaper.

A helmet worn by no one has taken power.
The mother turtle flees, flying underwater.

NATTBOKSBLAD

Jag landsteg en majnatt
i ett kyligt månsken
där gräs och blommor var grå
men doften grön.

Jag gled uppför sluttningen
i den färgblinda natten
medan vita stenar
signalerade till månen.

En tidrymd
några minuter lång
femtioåtta år bred.

Och bakom mig
bortom de blyskimrande vattnen
fanns den andra kusten
och de som härskade.

Människor med framtid
i stället för ansikten.

NIGHTBOOK PAGE

I stepped ashore one May night
into a chilly moonlight
where grass and flowers were gray
but their scent green.

I drifted up a slope
in the colorblind dark
while white stones
signaled back to the moon.

A time span
several minutes long
fifty-eight years wide.

And behind me
beyond the lead-shimmering waters
was the other coast
and those in command.

People with a future
instead of faces.

SORGEGONDOL NR 2

I

Två gubbar, svärfar och svärson, Liszt och Wagner, bor vid Canal Grande
tillsammans med den rastlösa kvinnan som är gift med kung Midas
han som förvandlar allting han rör vid till Wagner.
Havets gröna köld tränger upp genom golven i palatset.
Wagner är märkt, den kända kasperprofilen är tröttare än förr
ansiktet en vit flagg.
Gondolen är tungt lastad med deras liv, två tur och retur och en enkel.

II

Ett fönster i palatset flyger upp och man grimaserar i det plötsliga draget.
Utanför på vattnet visar sig sopgondolen paddlad av två enårade banditer.
Liszt har skrivit ner några ackord som är så tunga att de borde skickas
till mineralogiska institutionen i Padova för analys.
Meteoriter!
För tunga för att vila, de kan bara sjunka och sjunka genom framtiden ända ner
till brunskjortornas år.
Gondolen är tungt lastad med framtidens hopkurade stenar.

III

Gluggar mot 1990.

25 mars. Oro för Litauen.
Drömde att jag besökte ett stort sjukhus.
Ingen personal. Alla var patienter.

SORROW GONDOLA NO. 2

I

Two old men, father- and son-in-law, Liszt and Wagner, are staying by the
      Grand Canal
together with the restless woman who is married to King Midas,
he who changes everything he touches to Wagner.
The ocean's green cold pushes up through the palazzo floors.
Wagner is marked, his famous Punchinello profile looks more tired than before,
his face a white flag.
The gondola is heavy-laden with their lives, two round trips and a one-way.

II

A window in the palazzo flies open and everyone grimaces in the sudden draft.
Outside on the water the trash gondola appears, paddled by two one-oared
      bandits.
Liszt has written down some chords so heavy they ought to be sent off
to the mineralogical institute in Padua for analysis.
Meteorites!
Too heavy to rest, they can only sink and sink straight through the future all the
      way down
to the brownshirt years.
The gondola is heavy-laden with the future's huddled-up stones.

III

Peepholes into 1990.

March 25th. Angst for Lithuania.
Dreamt I visited a large hospital.
No personnel. Everyone was a patient.

I samma dröm en nyfödd flicka
som talade i fullständiga meningar.

IV

Bredvid svärsonen som är tidens man är Liszt en maläten grandseigneur.
Det är en förklädnad.
Djupet som prövar och förkastar olika masker har valt just den här åt honom –
djupet som vill stiga in till människorna utan att visa sitt ansikte.

V

Abbé Liszt är van att bära sin resväska själv genom snöglopp och solsken
och när han en gång skall dö är det ingen som möter vid stationen.
En ljum bris av mycket begåvad konjak for honom bort mitt i ett uppdrag.
Han har alltid uppdrag.
Tvåtusen brev om året!
Skolpojken som skriver det felstavade ordet hundra gånger innan han får gå hem.
Gondolen är tungt lastad med liv, den är enkel och svart.

VI

Åter till 1990.

Drömde att jag körde tjugo mil förgäves.
Då förstorades allt. Sparvar stora som höns
sjöng så att det slog lock för öronen.

Drömde att jag ritat upp pianotangenter
på köksbordet. Jag spelade på dem, stumt.
Grannarna kom in för att lyssna.

In the same dream a newborn girl
who spoke in complete sentences.

IV

Beside the son-in-law, who's a man of the times, Liszt is a moth-eaten grand
     seigneur.
It's a disguise.
The deep, that tries on and rejects different masks, has chosen this one just
     for him—
the deep that wants to enter people without ever showing its face.

V

Abbé Liszt is used to carrying his suitcase himself through sleet and sunshine
and when his time comes to die, there will be no one to meet him at the station.
A mild breeze of gifted cognac carries him away in the midst of a commission.
He always has commissions.
Two thousand letters a year!
The schoolboy who writes his misspelled word a hundred times before he's
     allowed to go home.
The gondola is heavy-laden with life, it is simple and black.

VI

Back to 1990.

Dreamt I drove over a hundred miles in vain.
Then everything magnified. Sparrows as big as hens
sang so loud it briefly struck me deaf.

Dreamt I had drawn piano keys
on my kitchen table. I played on them, mute.
The neighbors came over to listen.

VII

Klaveret som har tigit genom hela *Parsifal* (men lyssnat) får äntligen säga något.
Suckar . . . *sospiri* . . .
När Liszt spelar ikväll håller han havspedalen nertryckt
så att havets gröna kraft stiger upp genom golvet och flyter samman med all sten i
       byggnaden.
Godafton vackra djup!
Gondolen är tungt lastad med liv, den är enkel och svart.

VIII

Drömde att jag skulle börja skolan men kom försent.
Alla i rummet bar vita masker för ansiktet.
Vem som var läraren gick inte att säga.

VII

The clavier, which kept silent through all of *Parsifal* (but listened), finally has
      something to say.
Sighs . . . *sospiri* . . .
When Liszt plays tonight, he holds the sea-pedal pressed down
so the ocean's green force rises up through the floor and flows together with all the
      stone in the building.
Good evening, beautiful deep!
The gondola is heavy-laden with life, it is simple and black.

VIII

Dreamt I was supposed to start school but arrived too late.
Everyone in the room was wearing a white mask.
Whoever the teacher was, no one could say.

LANDSKAP MED SOLAR

Solen glider fram bakom husväggen
ställer sig mitt i gatan
och andas på oss
med sin röda blåst.
Innsbruck jag måste lämna dig.
Men i morgon
står en glödande sol
i den halvdöda grå skogen
där vi skall arbeta och leva.

LANDSCAPE WITH SUNS

The sun glides out from behind the house
stands in the middle of the street
and breathes on us
with its scarlet wind.
Innsbruck I must leave you.
But tomorrow
a glowing sun stands
in the half-dead gray forest
where we will work and live.

NOVEMBER I FORNA DDR

Det allsmäktiga cyklopögat gick i moln
och gräset ruskade på sig i koldammet.

Mörbultade av nattens drömmar
stiger vi ombord på tåget
som stannar vid varje station
och lägger ägg.

Det är ganska tyst.
Klångandet från kyrkklockornas ämbar
som hämtat vatten.
Och någons obevekliga hosta
som skäller på allt och alla.

Ett stenbeläte rör sina läppar:
det är staden.
Där råder järnhårda missförstånd
bland kioskbiträden slaktare
plåtslagare marinofficerare
järnhårda missförstånd, akademiker.

Vad mina ögon värker!
De har läst vid lysmasklampornas matta sken.

November bjuder på karameller av granit.
Oberäkneligt!
Som världshistorien
som skrattar på fel ställe.

NOVEMBER IN THE FORMER GDR

The almighty cyclops-eye went behind the clouds
and the grass shuddered in the coal dust.

Beaten sore and stiff from last night's dreams
we climb aboard the train
that stops at every station
and lays eggs.

It's rather quiet.
The bonging from the church bells' buckets
collecting water.
And someone's unrelenting cough
telling off everything and everyone.

A stone idol is moving its lips:
it's the city.
Where iron-hard misunderstandings prevail
among kiosk-attendants butchers
sheet-metal workers naval officers
iron-hard misunderstandings, academics.

How my eyes ache!
They've been reading by the glowworms' faint lamps.

November offers caramels of granite.
Unpredictable!
Like world history
laughing at the wrong place.

Men vi hör klångandet
från kyrkklockornas ämbar när de hämtar vatten
varje onsdag
– är det onsdag? –
där har vi för våra söndagar!

But we hear the bonging
from the church bells' buckets when they collect water
every Wednesday
—is it Wednesday?—
that's what's become of our Sundays!

FRÅN JULI 90

Det var en begravning
och jag kände att den döde
läste mina tankar
bättre än jag själv.

Orgeln teg, fåglarna sjöng.
Gropen ute i solgasset.
Min väns röst höll till
på minuternas baksida.

Jag körde hem genomskådad
av sommardagens glans
av regn och stillhet
genomskådad av månen.

FROM JULY '90

It was a funeral
and I sensed the dead one
was reading my thoughts
better than I could.

The organ kept quiet, birds sang.
The hole out in the blazing sun.
My friend's voice lingered
in the minutes' reverse side.

I drove home seen through
by the summer day's brilliance
by rain and stillness
seen through by the moon.

GÖKEN

En gök satt och hoade i björken strax norr om huset. Den var så högröstad att jag först trodde att det var en operasångare som utförde en gökimitation. Förvånad såg jag fågeln. Stjärtfjädrarna rörde sig upp och ner för varje ton, som handtaget på en pump. Fågeln hoppade jämfota, vände sig om och skrek åt alla väderstreck. Sedan lyfte den och flög småsvärande över huset och långt bort i väster ... Sommaren åldras och allt flyter ihop till ett enda vemodigt sus. *Cuculus canorus* återvänder till tropikerna. Dess tid i Sverige är över. Den blev inte lång! I själva verket är göken medborgare i Zaire ... Jag är inte längre så förtjust i att resa. Men resan besöker mig. Nu när jag trängs in alltmer i ett hörn, när årsringarna växer, när jag behöver läsglasögon. Det händer alltid mycket mer än vi kan bära! Det finns inget att förvånas över. Dessa tankar bär mig lika trofast som Susi och Chuma bar Livingstones mumie tvärs genom Afrika.

THE CUCKOO

A cuckoo perched and hoo-hooted in a birch just north of the house. It was so loud that at first I thought an opera singer was performing a cuckoo imitation. I watched the bird with surprise. Its tail feathers moved up and down with every note, like the handle on a pump. The bird hopped, feet together, turned and cried out to all four directions. Then it lifted off and, muttering, flew over the house and far away to the west . . . The summer is growing old and everything flows together into a single melancholy sigh. *Cuculus canorus* is returning to the tropics. Its time in Sweden is through. It didn't last long! In fact, the cuckoo is a citizen of Zaire . . . I am not so fond of making journeys anymore. But the journey visits me. Now when I'm pushed more and more into a corner, when every year the tree rings widen, when I need reading glasses. There's always more happening than we can bear! There's nothing to be surprised about. These thoughts bear me as faithfully as Susi and Chuma bore Livingstone's mummified body straight across Africa.

TRE STROFER

I

Riddaren och hans fru
förstenade men lyckliga
på ett flygande kistlock
utanför tiden.

II

Jesus höll upp ett mynt
med Tiberius i profil
en profil utan kärlek
makten i omlopp.

II

Ett rinnande svärd
utplånar minnena.
I marken rostar
trumpeter och gehäng.

THREE STANZAS

I

The knight and his lady
petrified but happy
on a flying coffin lid
outside of time.

II

Jesus held up a coin
with Tiberius in profile
a profile without love
the power in circulation.

III

A dripping sword
obliterates memories.
The ground is rusting
the trumpets and sheaths.

SOM ATT VARA BARN

Som att vara barn och en oerhörd förolämpning
träs över ens huvud som en säck
genom säckens maskor skymtar solen
och man hör körsbärsträden gnola.

Men det hjälper inte, den stora förolämpningen
täcker huvud och torso och knän
och man rör sig sporadiskt
men gläds inte åt våren.

Ja, skimrande mössa drag ner den över ansiktet
stirra genom maskorna.
På fjärden myllrar vattenringarna ljudlöst.
Gröna blad förmörkar jorden.

LIKE BEING A CHILD

Like being a child and an enormous insult
is pulled over your head like a sack;
through the sack's stitches you catch a glimpse of the sun
and hear the cherry trees humming.

But this doesn't help, the great affront
covers your head and torso and knees
and though you move sporadically
you can't take pleasure in the spring.

Yes, shimmering wool hat, pull it down over the face
and stare through the weave.
On the bay, water rings teem soundlessly.
Green leaves are darkening the land.

TVÅ STÄDER

På var sin sida om ett sund, två städer
den ena mörklagd, ockuperad av fienden.
I den andra brinner lamporna.
Den lysande stranden hypnotiserar den mörka.

Jag simmar ut i trance
på de glittrande mörka vattnen.
En dov tubastöt tränger in.
Det är en väns röst, tag din grav och gå.

TWO CITIES

Each on its own side of a strait, two cities
one plunged into darkness, under enemy control.
In the other the lamps are burning.
The luminous shore hypnotizes the blacked-out one.

I swim out in a trance
on the glittering dark waters.
A muffled tuba blast breaks in.
It's a friend's voice, take your grave and go.

LJUSET STRÖMMAR IN

Utanför fönstret är vårens långa djur
den genomskinliga draken av solsken
rinner förbi som ett ändlöst
förortståg – vi hann aldrig se huvudet.

Strandvillorna flyttar sig i sidled
de är stolta som krabbor.
Solen får statyerna att blinka.

Det rasande eldhavet ute i rymden
transjorderas till en smekning.
Nedräkningen har börjat.

THE LIGHT STREAMS IN

Outside the window is spring's long animal,
the diaphanous dragon of sunshine
flowing past like an endless
commuter train—we never managed to see its head.

The seaside villas scuttle sideways
and are as proud as crabs.
The sun causes the statues to blink.

The raging conflagration out in space
is transforming into a caress.
The countdown has begun.

NATTLIG RESA

Det myllrar under oss. Tågen går.
Hotell Astoria darrar.
Ett glas vatten vid sängkanten
lyser i tunnlarna.

Han drömde att han var fånge i Svalbard.
Planeten vred sig mullrande.
Tindrande ögon gick över isarna.
Miraklernas skönhet fanns.

NIGHT TRAVEL

It's teeming under us. Trains depart.
Hotel Astoria trembles.
A glass of water by the bedside
shines in the tunnels.

He dreamed he was imprisoned on Svalbard.
The planet rumbled as it turned.
Glittering eyes passed over the ice.
The miracles' beauty existed.

HAIKUDIKTER

I

Kraftledningarna
spända i köldens rike
norr om all musik.

.

Den vita solen
träningslöper ensam mot
dödens blåa berg.

.

Vi måste leva
med det finstilta gräset
och källarskrattet.

.

Solen står lågt nu.
Våra skuggor är jättar.
Snart är allt skugga.

HAIKU POEMS

I

The high-tension lines
taut in the kingdom of cold
north of all music.

.

The white sun, training
alone, runs the long distance
to death's blue mountains.

.

We need to exist
with the finely printed grass
and cellar laughter.

.

The sun lies low now.
Our shadows are goliaths.
Soon shadow is all.

II

Orkidéerna.
Tankbåtar glider förbi.
Det är fullmåne.

II

The orchid blossoms.
Oil tankers are gliding past.
And the moon is full.

III

Medeltida borg,
främmande stad, kalla sfinx,
tomma arenor.

.

Löven viskade:
ett vildsvin spelar orgel.
Och klockorna slog.

.

Och natten strömmar
från öster till väster med
månens hastighet.

III

Medieval fortress,
a foreign city, cold sphinx,
empty arenas.

.

Leaves were whispering:
a wild boar plays the organ.
And the bells all rang.

.

And the night streams in
from east to west, traveling
in time with the moon.

IV

Ett par trollsländor
fasthakade i varann
svirrade förbi.

.

Närvaro av Gud.
I fågelsångens tunnel
öppnas en låst port.

.

Ekar och månen.
Ljus och tysta stjärnbilder.
Det kalla havet.

IV

A dragonfly pair
fastened to one another
went flickering past.

.

The presence of God.
In the tunnel of birdsong
a locked door opens.

.

Oak trees and the moon.
Light and mute constellations.
The frigid ocean.

FRÅN ÖN 1860

I

En dag när hon sköljde tvätt från bryggan
steg fjärdens köld upp genom armarna
och i livet.

Tårarna frös till glasögon.
Ön lyfte sig själv i gräset
och strömmingsfanan vajade i djupet.

II

Och koppornas svärm hann upp honom
slog ner på hans ansikte.
Han ligger och stirrar i taket.

Hur det roddes uppför tystnaden.
Nuets evigt rinnande fläck
nuets evigt blödande punkt.

FROM THE ISLAND, 1860

I

One day as she rinsed her wash from the jetty,
the cold of the bay rose up through her arms
and into her life.

Her tears froze into spectacles.
The island raised itself by its grass
and the herring-flag waved in the deep.

II

And the swarm of smallpox caught up with him,
settled down onto his face.
He lies and stares at the ceiling.

How it had rowed up through the silence.
The now's eternally flowing stain,
the now's eternally bleeding endpoint.

TYSTNAD

Gå förbi, de är begravda . . .
Ett moln glider över solskivan.

Svälten är en hög byggnad
som flyttar sig om natten

i sovrummet öppnar sig en hisstrummas
mörka stav mot innandömena.

Blommor i diket. Fanfar och tystnad.
Gå förbi, de är begravda . . .

Bordssilvret överlever i stora stim
på stort djup där Atlanten är svart.

SILENCE

Walk past, they are buried . . .
A cloud glides over the sun's disk.

Starvation is a tall building
that moves about by night—

in the bedroom an elevator shaft opens,
a dark rod pointing toward the interior.

Flowers in the ditch. Fanfare and silence.
Walk past, they are buried . . .

The table silver survives in giant shoals
down deep where the Atlantic is black.

MIDVINTER

Ett blått sken
strömmar ut från mina kläder.
Midvinter.
Klirrande tamburiner av is.
Jag sluter ögonen.
Det finns en ljudlös värld
det finns en spricka
där döda
smugglas över gränsen.

MIDWINTER

A blue light
is streaming out from my clothes.
Midwinter.
Jingling tambourines of ice.
I close my eyes.
There is a soundless world
there is a crack
where the dead
are smuggled over the border.

EN SKISS FRÅN 1844

William Turners ansikte är brunt av väder
han har staffli längst ute bland bränningarna.
Vi följer den silvergröna kabeln ner i djupen.

Han vadar ut i det långgrunda dödsriket.
Ett tåg rullar in. Kom närmare.
Regn, regn färdas över oss.

A SKETCH FROM 1844

William Turner's face is browned with weather;
he's set up his easel far off in the breaking surf.
We follow the silver-green cable down into the depths.

He wades out in the long shallows of death's kingdom.
A train rolls in. Come closer.
Rain, rain travels over us.

DEN STORA GÅTAN / THE GREAT ENIGMA

(2004)

ÖRNKLIPPAN

Bakom terrariets glas
reptilerna
underligt orörliga.

En kvinna hänger tvätt
i tystnaden.
Döden är vindstilla.

I markens djup
glider min själ
tyst som en komet.

EAGLE CLIFF

Behind the terrarium glass
the reptiles
strangely motionless.

A woman hangs her wash
in the silence.
Death is windless.

Deep in the ground
my soul glides
silent as a comet.

FASADER

I

Vid vägs ände ser jag makten
och den liknar en lök
med överlappande ansikten
som lossnar ett efter ett . . .

II

Teatrarna töms. Det är midnatt.
Bokstäverna flammar på fasaderna.
De obesvarade brevens gåta
sjunker genom det kalla glittret.

FACADES

I

At road's end I see the power
and it looks like an onion
with overlapping faces
loosening one after one . . .

II

The theaters are emptying. It's midnight.
Words blaze on the facades.
The unanswered letters' enigma
sinks through the cold glitter.

NOVEMBER

När bödeln har tråkigt blir han farlig.
Den brinnande himlen rullar ihop sig.

Knackningar hörs från cell till cell
och rummet strömmar upp ur tjälen.

Några stenar lyser som fullmånar.

NOVEMBER

When the executioner is bored, he's dangerous.
The burning sky rolls up.

Knocking can be heard from cell to cell
and the room rises out of the ground frost.

A few stones glow like full moons.

SNÖ FALLER

Begravningarna kommer
tätare och tätare
som vägskyltarna
när man närmar sig en stad.

Tusentals människors blickar
i de långa skuggornas land.

En bro bygger sig
långsamt
rakt ut i rymden.

SNOW FALLING

The funerals are coming
more closely together
like the traffic signs
as you approach a city.

Thousands of people staring
in the land of long shadows.

A bridge is building itself
slowly
straight up into space.

NAMNTECKNINGAR

Jag måste kliva
över den mörka tröskeln.
En sal.
Det vita dokumentet lyser.
Med många skuggor som rör sig.
Alla vill underteckna det.

Tills ljuset hann upp mig
och vek ihop tiden.

SIGNATURES

I have to step
over the dark threshold.
A hall.
The white document shines.
With many shadows in motion.
Everyone wants to sign it.

Until the light overtook me
and folded up time.

HAIKUDIKTER

I

Ett lamakloster
med hängande trädgårdar.
Bataljmålningar.

.

Hopplöshetens vägg ...
Duvorna kommer och går
utan ansikten.

.

Tankar står stilla
som mosaikplattorna
i palatsgården.

.

Står på balkongen
i en bur av solstrålar –
som en regnbåge.

.

HAIKU POEMS

I

A monastery
for lamas, hanging gardens.
Painted battle scenes.

.

Wall of hopelessness . . .
The doves coming and going,
they have no faces.

.

Thoughts standing as still
as mosaic tiles inside
the palace courtyard.

.

On the balcony,
I stand in a cage of sun-
beams—like a rainbow.

.

Gnolar i dimman.
En fiskebåt långt ute –
trofé på vattnet.

.

Glittrande städer:
ton, sagor, matematik –
fast annorlunda.

Humming in the mist.
A fishing boat farther out—
trophy on the sea.

.

Glittering cities:
song, legends, mathematics—
except different.

II

Rentjur i solgass.
Flugorna syr och syr fast
skuggan vid marken.

II

Stag in the hot sun.
The flies firmly stitch and stitch
its shadow to earth.

III

En pinande blåst
drar genom huset i natt –
demonernas namn.

.

Ruggiga tallar
på samman tragiska myr.
Alltid och alltid.

.

Buren av mörkret.
Jag mötte en stor skugga
i ett par ögon.

.

Novembersolen . . .
min jätteskugga simmar
och blir en hägring.

.

III

A tormenting wind
blowing through the house tonight—
names of the demons.

•

The ragged pine trees
in the same tragic bog. For-
ever and ever.

•

The cage of darkness.
I met an immense shadow
in a pair of eyes.

•

The November sun . . .
my giant swimming shadow
becomes a mirage.

•

Dessa milstenar
som gett sig ut på vandring.
Hör skogsduvans röst.

.

Döden lutar sig
över mig, ett schackproblem.
Och har lösningen.

All of these milestones
that went for a hike. Listen:
the wood pigeon's call.

.

Death leans over me,
like facing a chess problem.
Has the solution.

IV

Solen försvinner.
Bogserbåten tittar med
bulldogansiktet.

.

På en klippavsats
syns sprickan i trollväggen.
Drömmen ett isberg.

.

Uppför branterna
under solen – getterna
som betade eld.

IV

The sun disappears.
The tugboat's bearing witness
with its bulldog face.

.

On a ledge, the crack
in the Troll Wall can be seen.
The dream: an iceberg.

.

Scaling the steep slopes
in the blazing sun—the goats
that foraged on fire.

V

Och blåeld, blåeld
reser sig ur asfalten
som en tiggare.

.

De bruna löven
är lika dyrbara som
Dödahavsrullar.

V

And blueweed, blueweed
rises up from the pavement
like someone begging.

.

The fallen brown leaves
are equally as precious
as the Dead Sea Scrolls.

VI

På en hylla i
dårarnas bibliotek
postillan orörd.

.

Kom upp ur kärret!
Malarna skakar av skratt
när furan slår tolv.

.

Min lycka svällde
och grodorna sjöng i de
pommerska kärren.

.

Han skriver, skriver ...
lim flöt i kanalerna.
Pråmen över Styx.

.

VI

Sitting on a shelf
in the library of fools,
the untouched sermons.

.

Get out of the swamp!
The catfish shake with laughter
when the pine strikes twelve.

.

My happiness swelled
and in Pomerania
frogs sang in the swamps.

.

He's writing, writing . . .
glue flowing in the canals.
A barge on the Styx.

.

Gå tyst som ett regn,
möt de viskande löven.
Hör klockan i Kreml!

Go, quiet as rain,

to meet the whispering leaves.

Hear the Kremlin bell!

VII

Förbryllande skog
där Gud bor utan pengar.
Murarna lyste.

·

Krypande skuggor ...
Vi är vilse i skogen
i murklornas klan.

·

En svartvit skata
springer envist i sick-sack
tvärs över fälten.

·

Ser hur jag sitter
som en uppdragen eka.
Här är jag lycklig.

·

VII

Bewildering woods
where God lives without money.
The walls gave off light.

.

Wandering shadows . . .
We're lost in the woods among
the clan of morels.

.

Black-and-white magpie
running in stubborn zigzags
all over the fields.

.

See the way I sit
like a rowboat dragged ashore.
Here's where I'm happy.

.

Alléerna lunkar
i koppel av solstrålar.
Ropade någon?

The avenues trot
on a leash made of sunbeams.
Did someone call out?

VIII

Gräset reser sig—
hans ansikte en runsten
upprest till minne.

.

Här finns en mörk bild.
Övermålad fattigdom,
blommor i fångdräkt.

VIII

The grass is rising—
his face is a rune stone raised
up in memory.

.

Here's a dark image.
Painted-over poverty,
flowers in jail garb.

IX

När stunden kommer
vilar den blinda vinden
mot fasaderna.

.

Jag har varit där –
och på en vitkalkad vägg
samlas flugorna.

.

Just här brann solen . . .
En mast med svarta segel
från för längesedan.

.

Håll ut näktergal!
Ur djupet växer det fram –
vi är förklädda.

IX

When the moment comes
then the blind wind will lie down
against the facades.

.

I've been to that place—
and along a whitewashed wall
flies are gathering.

.

Here where the sun burned . . .
a mast flying a black sail
from ages ago.

.

Hold on, nightingale!
From the depths, it's emerging—
we are in disguise.

X

Döden lutar sig
och skriver på havsytan.
Kyrkan andas guld.

.

Det har hänt något.
Månen lyste upp rummet.
Gud visste om det.

.

Taket rämnade
och den döda kan se mig.
Detta ansikte.

.

Hör suset av regn.
Jag viskar en hemlighet
för att nå in dit.

.

X

Death is leaning in
to write on the sea's surface.
And the church breathes gold.

.

Something has happened.
The moon has lit up the room.
God knew about it.

.

The roof split open
and the dead can now see me.
This face, they can see.

.

Hear the hush of rain.
I'm whispering a secret
to reach inside there.

.

Scen på perrongen.
Vilken egendomlig ro –
den inre rösten.

Scene on the platform.
What a peculiar stillness—
the voice that's within.

XI

Uppenbarelse.
Det gamla äppelträdet.
Havet är nära.

.

Havet är en mur.
Jag hör måsarna skrika –
de vinkar åt oss.

.

Guds vind i ryggen.
Skottet som kommer ljudlöst –
en alltför lång dröm.

.

Askfärgad tystnad.
Den blå jätten går förbi.
Kall bris från havet.

.

XI

A revelation.
There's the age-old apple tree.
And the sea nearby.

.

The sea is a wall.
I can hear the gulls shrieking—
they're beckoning us.

.

God's wind at your back.
The shot that comes soundlessly—
a dream, far too long.

.

Ash-colored silence.
The blue giant passes by.
A cold ocean breeze.

.

Stor och långsam vind
från havets bibliotek.
Här får jag vila.

.

Människofåglar.
Äppelträden blommade.
Den stora gåtan.

A vast, languid wind
from the ocean's library.
Here's where I can rest.

.

Birds in human form.
The apple trees blossoming.
The great enigma.

Notes

17 DIKTER / 17 POEMS

"SÅNG"   Det mytiska inslaget kommer från Kalevalas sjätte sång.

"SONG"   The mythical elements come from the sixth song of the *Kalevala*.

"ELEGI"   Bockstensmannen. Sommaren 1936 påträffades i Bockstens mosse i Halland liket av en man som bragts om livet vid mitten av 1300-talet. Dräkten var fullständigt bevarad tack var humussyrorna. Två pålar hade slagits genom liket för att den döde inte skulle gå igen.

"ELEGY"   The Bocksten Man: In the summer of 1936, the body of a man who'd been killed in the mid-1300s was discovered in Bocksten's bog in Halland. His clothing was completely preserved thanks to the bog's humic acids. Two stakes had been driven through the body so the dead man would never walk again.

FÄNGELSE / PRISON

"FÄNGELSE"   1959 besökte Tomas Tranströmer sin vän psykologen och poeten Åke Nordin som då var anstaltschef på Hällby ungdomsfängelse utanför Eskilstuna. Som nyårshälsning sände Tranströmer samma år åtta haikudikter till Åke Nordin och hans hustru Ulla. Dessa följdes av en nionde haiku, som av någon anledning inte kom med i brevet.

"PRISON"   In 1959, Tomas Tranströmer visited his friend, the psychologist and poet Åke Nordin, who was then head of the Hällby youth prison outside Eskilstuna. As a New Year's greeting that same year, Tranströmer sent eight haiku to Åke and his wife, Ulla. These were followed by a ninth haiku that, for some reason, was not included in the original letter.

DEN HALVFÄRDIGA HIMLEN / THE HALF-FINISHED HEAVEN

"NOVEMBER WITH TONES OF NOBLE FUR"   Nils Dacke, who led a mid-16th-century peasant rebellion against the Swedish king, was ultimately killed after he fled into the forest to escape the king's mercenaries.

DET VILDA TORGET / THE WILD MARKET SQUARE

"BLÅSIPPORNA" »the giordo rusk« etc. citat ur Erikskrönikan (1300-talet), beskriver musikutövning.

"THE BLUE HEPATICA" The line "they made a commotion and a great din" [loosely translated here from the Old Swedish, *the giordo rusk ok mykit bangh*] is cited from *The Eric Chronicles* (1300s) and describes a music rehearsal.

"CODEX" Codex = handskrift. Ileborgh och Mayone är gamla orgelmästare, Kaminski en tysk 1900-tastonsättare. Dauthendey—tysk författare, död 1918.

"CODEX" A codex is a handwritten manuscript. Ileborgh and Mayone are old organ masters; Kaminski, a German composer from the 1900s; and Dauthendey, a German author who died in 1918.

"CARILLON" Carillon = klockspel. Dikten utspelas i Brügge hösten 1982. Maximilian, sedermera kejsar Maximilian I, satt fången i Brügge, hans anhängare avrättades.

"CARILLON" Carillon = musical bell-playing. The poem takes place in Bruges during the fall of 1982. Maximilian, subsequently Emperor Maximilian I, was imprisoned in Bruges and his supporters were executed.

"MOLOKAI" Molokai. En av öarna i Hawaiigruppen. Mest bekant för sin leprakoloni, där fader Damien verkade och dog för hundra år sen.

"MOLOKAI" Molokai is one of the islands in the Hawaii group. It was most known for its leper colony, where Father Damien worked and died one hundred years ago. [Father Damien died in 1889.]

MINNENA SER MIG / MEMORIES WATCH ME

"ELEMENTARY SCHOOL" *Skrubba*, in Swedish, is to scrub or scrape.

"THE WAR" The Victory signal, inspired by Churchill's famous two-fingered V for Victory sign, originated in 1941 when the BBC began prefacing their transmissions to the European mainland with "V" in Morse code (three dots and a dash—da-da-da DAHH—the opening notes of Beethoven's Fifth Symphony), a practice so successful they kept it up long after the war.

"SECONDARY SCHOOL" *Realskola* is a preparatory school for select students from fifth to ninth grade.

Torment is the American title for Ingmar Bergman's film *Hets.* In Britain, it's called *Frenzy.*

Tranan, or The Crane, is the interesting nickname Tranströmer's classmates gave him because he had such long legs.

"LATIN" In Swedish, the teachers' last names read like an entertaining cast of characters: *Satan* (The Devil); *Slöman* (Dull Man); *Fjalar* (Rooster); *Fido* (that quintessential name for a dog); *Lillan* (Little Un); *Moster* (Auntie); and *Bocken* (The Billy Goat), also known as Pelle Vänster (*vänster* meaning left, as in left-handed, or Lefty).

Grönköping is a fictional Swedish town dating back to the late 1800s and known through the satirical *Grönköping Weekly* newspaper, which was founded in 1902 and is still published today. The newspaper had apparently done a spoof profile on Erik the Lame Lisper (King Erik Eriksson), citing him as Grönköping's founder.

SORGEGONDOLEN / THE SORROW GONDOLA

"SORGEGONDOL NR 2" Vid årsskiftet 1882/1883 besökte Liszt sin dotter Cosima och hennes man, Richard Wagner, i Venedig. Wagner dog några månader senare. Under denna tid komponerade Liszt två piano-stycken som publicerades under titeln »Sorgegondol«.

"SORROW GONDOLA NO. 2" In late 1882 and early 1883, Liszt visited his daughter Cosima and her husband, Richard Wagner, in Venice. Wagner died several months later. During this time Liszt composed two piano pieces that were published under the title "Sorrow Gondola."

"NOVEMBER IN THE FORMER GDR" The GDR is the German Democratic Republic, or East Germany.

Index of English Titles

Index of Swedish Titles

About the Author

Nobel Laureate Tomas Tranströmer was born in Stockholm in 1931 and studied literature and psychology at the University of Stockholm. A poet and psychologist who worked with disadvantaged youth and individuals with disabilities, Tranströmer authored over a dozen full-length poetry collections and a prose memoir. His poetry has received many of the most prestigious international literary honors and has been translated into more than fifty languages. When awarding him the Nobel Prize, the Swedish Academy noted that "through his condensed, translucent images, he gave us fresh access to reality." He died in Stockholm in 2015.

About the Translator

Patty Crane is a poet and translator whose first volume of translations, *Bright Scythe: Selected Poems by Tomas Tranströmer*, was published by Sarabande Books (2015). She authored the poetry collections *Bell I Wake To* (Zone 3 Press First Book Award, 2019) and *something flown* (Concrete Wolf Poetry Chapbook Award, 2018). Her poems and translations have appeared in *Bellevue Literary Review, Blackbird, Guernica, Five Points, The New York Times Magazine, Poetry, Poetry Daily, Vox,* and numerous other publications. Her work has been supported by fellowships at MacDowell.

Poetry is vital to language and living. Since 1972, Copper Canyon Press has published extraordinary poetry from around the world to engage the imaginations and intellects of readers, writers, booksellers, librarians, teachers, students, and donors.

WE ARE GRATEFUL FOR THE MAJOR SUPPORT PROVIDED BY:

academy of american poets

THE PAUL G. ALLEN
FAMILY FOUNDATION

4 CULTURE

Lannan

OFFICE OF ARTS & CULTURE
SEATTLE

The Witter Bynner Foundation
for Poetry

TO LEARN MORE ABOUT UNDERWRITING
COPPER CANYON PRESS TITLES,
PLEASE CALL 360-385-4925 EXT. 103

WE ARE GRATEFUL FOR THE MAJOR SUPPORT PROVIDED BY:

Richard Andrews and
    Colleen Chartier
Anonymous
Jill Baker and Jeffrey Bishop
Anne and Geoffrey Barker
Donna Bellew
Will Blythe
John Branch
Diana Broze
John R. Cahill
Sarah Cavanaugh
Keith Cowan and Linda Walsh
Stephanie Ellis-Smith and
    Douglas Smith
Mimi Gardner Gates
Gull Industries Inc.
    on behalf of William True
William R. Hearst III
Carolyn and Robert Hedin
David and Jane Hibbard
Bruce S. Kahn
Phil Kovacevich and Eric Wechsler

Lakeside Industries Inc.
    on behalf of Jeanne Marie Lee
Maureen Lee and Mark Busto
Ellie Mathews and Carl Youngmann
    as The North Press
Larry Mawby and Lois Bahle
Hank and Liesel Meijer
Petunia Charitable Fund and
    adviser Elizabeth Hebert
Madelyn S. Pitts
Suzanne Rapp and Mark Hamilton
Adam and Lynn Rauch
Emily and Dan Raymond
Joseph C. Roberts
Cynthia Sears
Kim and Jeff Seely
D.D. Wigley
Barbara and Charles Wright
In honor of C.D. Wright,
    from Forrest Gander
Caleb Young as C. Young Creative
The dedicated interns and faithful
    volunteers of Copper Canyon Press

The pressmark for Copper Canyon Press
suggests entrance, connection, and interaction
while holding at its center
an attentive, dynamic space for poetry.

This book is set in Acumin Pro.
Book design by Phil Kovacevich.
Printed on archival-quality paper.